为什么
我们
总是在防御

Why Do I Do That?
Psychological Defense Mechanisms
and the Hidden Ways They Shape Our Lives

[美] 约瑟夫·布尔戈（Joseph Burgo） 著 / 姜帆 译

机械工业出版社
CHINA MACHINE PRESS

图书在版编目（CIP）数据

为什么我们总是在防御 /（美）约瑟夫·布尔戈（Joseph Burgo）著；姜帆译. -- 北京：机械工业出版社，2022.8（2024.5 重印）

书名原文：Why Do I Do That? Psychological Defense Mechanisms and the Hidden Ways They Shape Our Lives

ISBN 978-7-111-71134-6

I. ①为⋯ II. ①约⋯ ②姜⋯ III. ①心理学 IV. ①B84

中国版本图书馆 CIP 数据核字（2022）第 122822 号

北京市版权局著作权合同登记　图字：01-2021-2311 号。

Joseph Burgo. Why Do I Do That? Psychological Defense Mechanisms and the Hidden Ways They Shape Our Lives.

Copyright © 2012 by Joseph Burgo.

Simplified Chinese Translation Copyright © 2023 by China Machine Press.

This edition arranged with New Rise Press through BIG APPLE AGENCY. This edition is authorized for sale in the Chinese mainland (excluding Hong Kong SAR, Macao SAR and Taiwan).

No part of this book may be reproduced or transmitted in any form or by any means, electronic or mechanical, including photocopying, recording or any information storage and retrieval system, without permission, in writing, from the publisher.

All rights reserved.

本书中文简体字版由 New Rise Press 通过 BIG APPLE AGENCY 授权机械工业出版社在中国大陆地区（不包括香港、澳门特别行政区及台湾地区）独家出版发行。未经出版者书面许可，不得以任何方式抄袭、复制或节录本书中的任何部分。

为什么我们总是在防御

出版发行：机械工业出版社（北京市西城区百万庄大街 22 号　邮政编码：100037）

责任编辑：欧阳智

责任校对：付方敏

印　　刷：北京联兴盛业印刷股份有限公司

版　　次：2024 年 5 月第 1 版第 4 次印刷

开　　本：147mm × 210mm　1/32

印　　张：7.75

书　　号：ISBN 978-7-111-71134-6

定　　价：59.00 元

客服电话：（010）88361066　68326294

版权所有·侵权必究

封底无防伪标均为盗版

致 R. 和 S.，
以及多年来我所有的来访者

前 言
Preface

我在三十多年前开始接受心理治疗师的训练，从那以后，我职业生涯中的大部分时光都花在私人执业上，与成年的来访者一起工作。这些来访者来找我，是因为他们有着难以忍受的痛苦或抑郁、不幸的婚姻、进食障碍、羞耻感或自我厌恶、强迫行为——他们来做心理治疗的原因各不相同，但无一例外，他们都饱受着痛苦的折磨。我努力总结了这段工作经历与我所学的内容，尝试将其转化为有用的自助指南，帮助那些没有接受心理治疗的人，尤其是那些担负不起治疗费用的人。本书就是我努力的成果。

我从心理动力学视角来看待人类的本性与心理：我相信对于每个人来说，我们精神生活的隐秘部分都不为自己所觉知，也就是无意识的。作为一个心理动力学取向的心理治疗师，我的工作就是帮助来访者认识这些未知的部分，我采用的主要方法之一就是帮助他们理解心理防御机制（也叫心理防御，或被简单地称为防御），这些心理防御机制会将令人痛苦的情绪、想法与恐惧排除到意识之外。

这些心理防御机制是本书的主题：它们如何运作，它们通常将哪些人类体验的痛苦因素排除到意识之外，我们为什么要依赖它们，以及认识并面对这些心理防御机制背后的无意识痛苦有何潜在的益处。心理防御机制是人类心理中普遍存在的必要部分。在面对人类体验中的困难部分时，心理防御机制会保护我们并帮我们渡过难关，但它们也常常阻碍我们获得成长与满足。僵化或根深蒂固的防御可能会阻碍我们在人际关系中得到我们真正需要的东西，不利于我们拥有丰富的情感生活，或提高真实的自尊。本书将帮你识别影响你的心理防御机制，并确定你何时需要超越这些防御，获得成长。

尽管面对痛苦可能是一件苦差事，但这也可能是一种让人解脱与兴奋的体验。还有什么能比探索自己的心灵深处，了解朋友、家人、同事丰富的心理复杂性，更深刻地理解人类的关系更有趣呢？经过这么多年的实践，我依然热爱自己的工作，对他人的痴迷未减分毫。我希望本书能将我的一些热情传递给你。

我的目标是向你解释我在工作中采用的心理动力学治疗的核心概念与策略，使它们能够为心理治疗之外的个体所用，并助益于人们的自我探索。本书的第一部分会探讨心理防御机制的本质与目的，以及激活这些心理防御机制的人类常见的困难体验。本书的第二部分篇幅较长，在这一部分里，我会进一步阐述那些最重要的心理防御机制，并为你提供一些练习，帮助你识别那些正在影响自己的心理防御机制，并发现这些心理防御机制背后的无意识情绪。第三部分用3章内容进行总结，讨论了如何解除这些心理防御机制，用更有效的方法应对痛苦情绪。

在接下来的内容中，我花了不少篇幅来讨论如何意识到自己的痛苦，并帮助读者发现自己最难以面对的痛苦。阅读本书的体验不会是轻松舒适的（尤其是在你用心完成本书练习的情况下），但我相信如果你坚持不懈，你就会拥有更强的自我觉知。本书可能会帮你从关系中得到更多你需要的东西，过上生气勃勃且可以调适的情感生活，并且更加了解自己（包括你的优势与劣势），从而对自己形成切合实际的期待，提高真实的自尊。

正如心理治疗中的来访者无法同时面对他们所有的痛苦一样（没有人能做到），你可能也无法通过一次阅读理解本书中的所有观点。你可能需要多读几次，或者先集中精力阅读其中的几章，在你有时间整理自己的所学内容之后，再阅读其他部分。真正的成长是一点一点发生的，往往需要一段很长的时间。虽然坚持不懈、在感到威胁时勇往直前是很重要的，但不要太过勉强自己，也不要对自己期望过高。每一点新增的自我觉知、每一次进步都有其价值。

也请记住，没人能完全摆脱自己的心理防御机制，不再依赖它们。尽管我是心理治疗师、本书的作者，本该在这趟自我探索的冒险之旅中担任你的向导，但我依然需要在每天的生活中不断面对自身的心理防御机制，与之斗争。本书要传达的一个主要信息就是，我们敏感的情绪会不断地向我们发起挑战，但只要付出时间与努力，我们就能更轻松、更自信地应对这些挑战。

换句话说，面对痛苦，在艰难回忆中挣扎的过程对于每个人来说都是一个挑战。虽然这一事实不能立即给你带来安慰，但请在阅读本书、完成练习的过程中记住，从更广泛的角度来看，还有许多人与你有着相同的经历、相同的挣扎。

心理动力学观点根植于西格蒙德·弗洛伊德（Sigmund Freud）的理论。我曾经是一个年轻的精神分析师，教授过一门为期一年的课程，这门课程的内容包含了弗洛伊德的 24 卷著作——这是全球大多数精神分析培训机构课程标准的一部分。在过去的 60 年里，弗洛伊德的学说已经不再是主流了，这在很大程度上是因为他未能理解女性性征，并且对女性持有一些在今天看来是排斥或贬低的观点。许多人认为弗洛伊德的学说是老旧、过时的。

尽管如此，他的许多革命性洞见还是融入了我们的文化，成了我们的基本假设。即使是对弗洛伊德不屑一顾的人，也往往在无意识中接纳了很多精神分析的核心原则。在很大程度上，弗洛伊德的开创性工作永远地改变了我们的文化。

弗洛伊德于 1939 年去世，从那以后，许多有影响力的理论家拓展并修正了他的理念。我会在书中谈到其中的一些理论家，但我会更多地谈论弗洛伊德。在读完本书之后，我希望你能对弗洛伊德的贡献有更深的了解和更多的欣赏，并且像我一样，把他看作一个引领变革的天才，因为他塑造了我们在日常生活中对自身和对他人的看法，即使我们对此毫不知情。

目录
Contents

前言

第一部分
001 理解心理防御
心理防御就是我们为了逃避痛苦而对自己撒的谎。

第 1 章　我所不了解的自己　　002
向来不懂自己为何喜怒无常。

第 2 章　3 种常见的心理困扰　　019
容忍渴望，忍受强烈的情绪，希望活得有价值、被尊重。

第 3 章　我们的情绪清单　　033
最困扰我们的情绪往往最容易触发心理防御。

第二部分
049 识别自己的心理防御
认识 10 种心理防御机制，了解自己的心灵地图。

第 4 章　压抑与否认　050

将痛苦的感受从意识中摒除。

第 5 章　置换与反向形成　067

把痛苦的感受转移给他人或转变为完全相反的感受。

第 6 章　分裂　084

将事情置于非黑即白的两个极端。

第 7 章　理想化　102

视普通为完美，抱有不切实际的幻想或期待。

第 8 章　投射　118

你指责他人做了错事，但事实上，你才是应该为此负责的人。

第 9 章　控制　136

为了减轻内心痛苦的无助感，尽一切可能控制无法预测的环境。

第 10 章　"思考"　151

为自己的行为找借口（合理化），试图排斥所有的不安情绪（理智化）。

第 11 章　羞耻防御　169

不堪忍受内在缺陷，试图当众表现优越和完美。

第三部分

189 解除无益的心理防御

僵化或根深蒂固的防御往往会阻碍我们成长，甚至会让我们付出沉重的代价。放下防御，找到应对痛苦的有效方法，我们才能过上更加丰富多彩和心满意足的生活。

第 12 章　改变始于接纳的心态　　190

我们要接纳不可避免的情绪，要接纳自己"本来的样子"，也要尊重自己的局限，不要逼迫自己承受无法承受的东西。

第 13 章　真正的改变源于你做出的选择　　203

在努力放下心理防御的过程中，我们会不断地面临选择：是勇往直前、面对痛苦，还是回到过去的习惯中。

第 14 章　与防御同在但不被其主宰　　221

即使你理解防御，它们也不会彻底消失。那么为什么要付出那么多努力放下防御呢？因为一旦你意识到了防御的存在，它们就会失去对你的强大控制力。

推荐阅读　　234

致谢　　236

1

Why Do I Do That

第一部分

理解心理防御

心理防御就是我们为了逃避痛苦而对自己撒的谎。

第1章

我所不了解的自己

……他向来不懂自己为何喜怒无常。

——《李尔王》(King Lear)，第一幕第一场

我们大多数人都曾有过这样的经历：我们的感受、言行让自己大吃一惊，我们突然发现有些未被意识到的念头在"幕后"作祟。看似无关痛痒的事情可能让我们大发雷霆，此时，我们会突然醒悟，原来自己一直都有着某种强烈的情感，但未曾觉察。

你的伴侣近来频频加班，你欣然承担起了家务。你觉得他工作太辛苦了。而你让他在上班路上去一趟干洗店，他却在答应时略显迟疑，你火冒三丈："算了！我自己去！"

临近聚会时，你的朋友却打电话来取消行程："我突然有点事……你介意吗？"你既意外又恼火。多年以来，你对这种不够贴心的行为已经足够大度了，但现在你发觉自己还对她去年忘记你生

日的事耿耿于怀。你看清了自己一向知晓但不想面对的事实：她还有其他朋友，相比你，她更看重别人。

你的母亲 6 个月前死于一场慢性病。当时，你觉得自己在她患病期间已经足够悲痛了，当死亡最终结束她的痛苦时，你也感到如释重负。但一天晚上，在看一场悲伤的电影时，你突然开始啜泣不止，发现自己是那么怀念母亲。

通常，我们一生都相信，有意识的自我体验就是自我的全部含义。其实，我们情感生活中的许多重要部分，都隐藏在我们觉察不到的地方。这不是什么新鲜的观点。至少，远在莎士比亚的时代（见本章开篇引用的句子），研究人类天性的人已经发现，有些人要比他人更了解自己。

简·奥斯汀（Jane Austen）的小说里就满是这样的人物，他们后来才逐渐明白，他们的某些态度和激情蒙蔽了自己的双眼，让他们对真实的自己视而不见。在《傲慢与偏见》（Pride and Prejudice）中，伊丽莎白·贝内特最终发觉了达西信中的真意，然后，她想："在此之前，我从未真正了解过自己。"纵观小说创作的历史，弗拉基米尔·纳博科夫（Vladimir Nabokov）和福特·马多克斯·福特（Ford Madox Ford）等不少作家曾利用"不可靠的叙事者"㊀（unreliable narrator）来描述不为人所知的角色，他们的描述会蕴含一些自身情感生活的真相。

"潜意识心理"（subconscious mind）这个术语是由 18 世纪的德国哲学家克里斯托弗·里格尔（Christopher Riegel）提出的，塞缪

㊀ 不可靠的叙事者指在文学、电影、戏剧等作品中，可信度受到质疑的叙事者。——译者注

尔·泰勒·柯勒律治（Samuel Taylor Coleridge）将其译作英文，而西格蒙德·弗洛伊德在一个多世纪以前将这个概念用作精神分析理论的基石。从此，人们觉察不到的"无意识㊀心理"的概念就被列入了我们的文化传承，全面地影响了我们对于自我的共识以及自我的表现形式。

例如，我们经常谈到"弗洛伊德式口误"（Freudian slip），这指的是一种语言上的差错，反映了某些说者无意透露的真相。你可能会对伍迪·艾伦（Woody Allen）的电影《安妮·霍尔》（Annie Hall）中的一个片段有印象。安妮开始接受深度的精神分析治疗，并且说道："我并不介意接受分析。我在乎的是，分析能改变我的妻子㊁吗？""弗洛伊德式口误"是好莱坞电影的惯用桥段，例如在"王牌大贱谍"（Austin Powers）系列、《冒牌天神》（Bruce Almighty）和《大话王》（Liar, Liar）中，这种桥段为观众带来大量笑料。

许多人能从某些行为（例如"忘记"某项令人厌倦的职责或琐事）背后推断出无意识的动机：并非此人故意忽视自己的承诺；相反，遗忘的现象暴露了他不愿履行承诺的想法。我很怀疑是否许多已婚人士会把配偶"忘记"结婚纪念日这种事当作毫无深意的疏忽。

我们通常认为自己了解一些有关他人而对方却毫无意识的真相。当同事们一起外出吃午饭时，他们经常会谈论另一个同事，其中一个人可能会说："我早该长点儿记性，因为她根本听不进批评。

㊀ 在日常用语中，许多人称其为"潜意识"（subconscious），但严格来说，正确的术语是"无意识"（unconscious），我将在本书中采用后一种说法。
㊁ 英文中的"妻子"（wife）与"生活"（life）发音相近。——译者注

她觉得自己是完美无缺的。"一帮老友可能会谈论不在场的哥们儿以及他新交的女朋友："难道他没发觉她也是那种专横跋扈的人吗？和他妈妈一模一样！"聆听朋友谈论自己的计划，听他说他打算再度改过自新，你可能会想："别自欺欺人了。"

尽管我们认为自己对身边的人有着独到的见解，可一旦发现有人对我们抱有同样的想法，我们可能会对此心怀怨愤。对大多数人来说，我们可能对自己的某些方面毫无觉察，而其他人却对此心知肚明，这是一件极其令人不快的事情。如果有朋友指出这一点，我们会坚称：我们的口误是无心之失，绝无任何其他的意义；我们忘记聚餐日期仅仅是因为工作压力太大；我们忘记邀请宾客名单上的某个人仅仅是一个疏忽，与此人在去年的圣诞聚会上对我们的怠慢毫无关系。

有时我们的确会因为工作繁忙而忘记一些事情。有时口误的确没有任何深意。但是，忽视和口误通常会揭示某些我们不曾意识到、不想承认（哪怕是向自己承认）的隐情。

如果你仔细思考无意识的本质（为何某些想法和感受会深藏于无意识之中，其他的却不会），你就会发觉，我们更能看出他人而非自身的无意识动机，这是完全合情合理的。自弗洛伊德以来，许多心理动力学理论家对此著述颇丰，他们认为，无意识中承载的想法和感受对我们来说，要么过于痛苦，要么与我们的道德和价值观抵触，有损我们的自我意象。换句话说，我们不想知道自己无意识的内容。如果我们真的想知道，这些想法和感受当初就不会进入无意识。

那么我们是如何避免与那些难以忍受的自我的部分接触的呢？

我们看不到自身人格的某个方面，他人却看得清清楚楚，这怎么可能呢？

这就是心理防御机制的作用。心理防御机制是一种无形的应对方式，使我们将不可接受的想法和感受排除到意识之外。在此过程之中，心理防御机制悄悄地扭曲了我们对现实的感知，包括我们对人际关系和自身情绪的感知。本书将致力于描述那些心理防御机制，帮助读者理解心理防御机制的运作方式，并学会如何发现自身的防御。本书也会教给读者应对并表达无意识内容的有效方法，因为一旦我们的防御变得过于僵化或根深蒂固，它们就会妨碍我们过上丰富而令人满意的情感生活。

我在上大学的时候，曾深陷抑郁并寻求专业帮助。就像许多接受心理治疗的人一样，我以为治疗师会教我一些新的方法或技能来解决问题。让我意外（也通常让我感到不舒服）的是，治疗师会仔细倾听我说的每一句话，然后告诉我一些完全出乎我意料的事情，一些关于我的情感生活的事，而我对它们却一无所知。尽管我否认了许多他告诉我的事，有时还对他所讲的颇为恼怒，但随着时间的流逝，我在不经意间向他提供了足够的例证，证实了他的看法，最终我承认了这些事。

在成为心理治疗师后的30年里，我也按照同样的方式工作。我倾听那些前来求助的人的讲述，并且听到了许多他们无意告诉我的事情——关于难以承受的渴求、不敢承认的愤怒、恶毒的嫉妒或猜忌、令人无力的羞耻，以及其他过于强烈、来访者无法接纳的情绪。我尽力帮助他们理解自身的心理防御机制——他们用于逃避自身痛苦体验的方法。我也向他们展示了特定的防御是如何妨碍他们得到自己真正需要的东西，或让他们无法照顾好自己、维护好自己的人际关系的。

这就是心理防御的内在问题：对于我们每个人来说，尽管在应对人生中不可避免的痛苦时，防御是必要的、有用的，可一旦它们变得过于根深蒂固，就会阻碍我们，不让我们触及我们需要面对的重要情感。

一方面，在面对过于强烈的哀伤情绪时，让自己暂时感到麻木可以帮助你承受丧失所爱之人的痛苦；另一方面，让自己对缺乏情感的童年视而不见，可能会让你意识不到过去的经历对你不幸的婚姻生活造成了怎样的影响。将"我们都在走向死亡"的觉知排除在意识之外，能让我们每天保持正常的状态，维持正常的生活。而你做出高风险的行为，是因为你在无意识中相信自己不会受伤，不像其他人一样是血肉之躯，这样就可能引发悲剧。

屏蔽我们自身的大部分情绪体验会让我们感到耗竭，削弱我们在生活中做出应对的力量与能力。举例来说，愤怒能促使我们在生活中做出重要的改变——离开一个自私的伴侣，结束这段不健康的关系，或者断绝缺乏回报的友谊，使自己免受不公平的对待。承认对我们的行为感到内疚与后悔能帮我们对关心的人做出弥补。

心理防御机制往往会转移或误导我们某些最强烈的情感，导致我们做出与自身需求南辕北辙的行为，不能得到真正需要的东西。这可能会带给我们自我挫败感，甚至使我们产生自毁倾向。

最糟的是，心理防御可能会排斥或误导我们的情感生活，而我们需要这些情感生活来建立有效的关系——不仅仅是浪漫关系，也包括与家人、朋友或同事的关系。如果你屏蔽了自己对需要的觉知，你就无法建立真正的亲密关系。当你通过强迫性暴食来"咽下"自己的愤怒或不快时，你就没有动力为这些感受做出任何改变，不论是在家里、与朋友在一起，还是在工作中。有些人在面对他人表达某种情绪时，往往会习惯性地退缩，这些人只能建立有限的、无法令人满意的关系，但这种关系对他们而言不具有威胁性。

在你阅读的过程中，本书会运用我们所学的有关心理防御机制的一切信息，帮你理解它们对我们的人际关系造成的影响。我们会审视心理防御机制发挥的作用，它们在我们无法摆脱的痛苦模式、对亲密与承诺的无能为力、反复出现的工作困境、破裂的友谊，以及困难的亲子沟通等问题中扮演了重要的角色。

我们最终的目标是学习如何放下这些心理防御机制，因为它们让我们难以与生活中的重要他人建立令人满意的关系。此外，我们还要找到有效的方法来表达无意识的情绪与想法。并非所有的心理防御机制都需要被放下，我们也不需要面对无意识中的所有内容，但只要我们的防御变得过于僵化而根深蒂固，严重地影响了我们的关系，我们就需要采用更有觉察力的、更灵活的方法来帮我们做出应对。

什么是心理防御机制

就像无意识心理的概念一样，心理防御机制的理念也进入了主流文化，影响了我们对人性的理解。几乎人人都明白防御的表现或反应是怎样的。我们用这样的词来描述人们不想承认某些有关他们的实话时做出的反应。

"你有没有注意到，每当你提起杰夫的兄弟时，杰夫都会心存戒备？你知道，在他婚礼上的那件事之后，他肯定一直很内疚。"

当有人试图逃避某些自己不愿面对的痛苦或不快的事情时，我们是可以看出来的。我们能对防御产生这种理解，应该归功于西格蒙德·弗洛伊德的早期研究。

早在19世纪90年代，弗洛伊德就开始论述心理防御的概念了，其中最值得注意的论述记载于他著名的早期作品《癔症研究》（*Studies on Hysteria*, 1895）中，这本书是他与约瑟夫·布洛伊尔（Josef Breuer）⊖合著的。当然，弗洛伊德是用德语写的，他用于描述这种心理现象的词是"abwehr"，更准确的翻译应该是"避开"（warding off）或"抵挡"（fending off），而不是"防御"。

我们不得不接受许多翻译欠佳的弗洛伊德术语。比如，当讨论自我和有意识的心理时，弗洛伊德使用的是日常生活中的常用词语"das Ich"（"我"），而译者没有使用英语中的日常用语，而是借用了拉丁语中的"ego"，给了它一种更有分量、更"科学"的含义。年轻的学科往往会受到当时成熟的医学界的抨击与嘲讽，所以精神分析师很想被人正眼相待。

弗洛伊德的理念很简单，不像"防御机制"这个糟糕的英文术

⊖ Josef Breuer and Sigmund Freud. *Studies on hysteria. Standard Edition of the Complete Psychological Works of Sigmund Freud*, 3. (London: The Hogarth Press, 1953). 此后引用此版本时都将用缩写"S. E"与卷数来表示。

语那样机械化。弗洛伊德认为，有时当我们产生一种太过痛苦或在道德上无法接受的想法或感受时，我们就会避开它，把它推进无意识里。这不是一种有意的决定，这个过程通常是自发的，发生在我们的意识之外。弗洛伊德在 19 世纪末就开始阐述这种观点了。

他对于心理防御的性质与功能的原始观点，已经得到了当今大多数心理动力学思想家与治疗师的接纳，不过许多其他作者也在弗洛伊德之后做出了贡献，进一步拓展了我们对这个概念的理解，这些作者包括阿尔弗雷德·阿德勒（Alfred Adler）、安娜·弗洛伊德（Anna Freud）和梅兰妮·克莱因（Melanie Klein）等人。其中最简单、最具体的解释来自英国精神分析师唐纳德·梅尔泽（Donald Meltzer），他在自己的作品中称所有心理防御机制在本质上就是我们为了逃避痛苦而对自己撒的谎。⊖

如此看待心理防御机制的性质与功能，我们更容易把它们与自身的经历联系起来。每个人都对逃避痛苦的渴望感同身受。我们都理解在面对痛苦的事实时，欺骗自己有多容易，若非如此，我们就很难维持正常的状态。如果面对全部的事实会让我们的生活变得无法忍受，那么心理防御机制能帮助我们渡过难关。

但是，在其他情况下，我们需要面对痛苦：逃避事实能让我们当下好受一些，但长远来看，它只会把事情弄得更糟。这个例子体现了心理防御机制最常见的表现之一，很好理解：否认配偶出轨（尽管有许多迹象表明了这一点）可能会帮你逃避遭受背叛的痛苦，但也阻止了你面对这场生活灾难及其带来的所有伤害——对孩子、

⊖ 在另一名英国精神分析师 W. R. 拜昂（W. R. Bion）的作品里的隐含理念的启发下，梅尔泽提出了这种对防御的看法。

对朋友，以及对你的自我价值的伤害。

心理防御机制只管此时此地，不考虑明天。它们就像一种反射，不假思索，只关注如何避开当下的痛苦，不考虑这样做的长期代价。有时我们最终会"醒来"，面对现实。有时无意识中的信息会突破意识的防线，而我们会发现原来这些东西已经在自己心中酝酿很久了。更多的时候，我们一切照旧，我们的心理防御机制运作正常，不会引起我们的注意。人类是遵循习惯的动物，改变是很难的。

这本书的目标是通过帮助你发现自身典型的防御机制，促使你做出改变，放下防御，并采用更有效的方法来面对需要面对的现实，从而改善你的生活与关系。

心理防御机制与人格的关系

每当我们把心理防御机制作为个人策略逐一讨论时，我们都会产生一种错误的印象，以为它们是在不同情况下分别使用的技术，就像你在打高尔夫球时选择木杆、铁杆还是挖起杆一样。事实上，我们会倾向于形成一些特有的、习惯性的防御，或者形成几组防御，而这些惯常的逃避痛苦的方法会影响我们完整人格的塑造。

威廉·赖希（Wilhelm Reich）在他的开创性著作《性格分析》（*Character Analysis*，1933）中探讨了这一点。虽然当今说英语的人谈到性格的时候，其实是在说怪癖或道德（我们可能会说"他就是这种性格"或"她是个性格很好的女士"），但赖希使用德语"Charakter"的时候，更多的是指"人格"。他相信，一个人的人格，或者说"整体性格特征，是一种浓缩的防御机制"，这种"防御机制"与其他任何心理防御一样,具有逃避的功效。这种防御体现在"一个人惯常的行为方式中,体现在他说话、走路的方式与身体姿态中,体现在这个人的性格习惯中(他微笑与嘲讽的方式……他的礼貌与强势的表现)"。

如果有人说你是个非常好的人,从不烦躁或生气,这种描述多半会告诉我们一些有关你性格防御机制的信息。如果你是个自信的人,倾向于掌控全局,对他人大呼小叫,只要他人与你有不同意见,你就会不依不饶,那么你其实拥有另一套完全不同的防御。你与生活中重要他人的互动习惯能在很大程度上说明你惯用的心理防御机制。

近年来,媒体开始关注所谓的"人格障碍",让大众意识到了这种极其严重的心理困扰,这种困扰定义了一个人的人格,显著地塑造了他的人际关系。罹患自恋型人格障碍(Narcissistic Personality Disorder)的人通常会过度强调自身的重要性,对他人缺乏同理心,面对批评时会做出愤怒或羞耻的反应。罹患边缘型人格障碍(Borderline Personality Disorder)的人性情冲动、喜怒无常,与他人的关系很不稳定。

这种诊断标签以这样一个观点为基础:情绪困难可以定义一个人的人格。它是一种临床的、凝练的总结,就像我们平时对人类日常心理的总结一样:我们的语言里充满了总结他人人格特点的表达方式,而这些人的人格反映了他们特有的交往方式。请思考下面的

⊖ Wilhelm Reich. *Charakteranalyse* (1933). In English:(New York : Farrar, Strauss and Giroux, 1972)p.48.

⊖ *Ibid*, pp.51–52.

陈述。我们当中的大多数人都会在某些时候依赖这些表达来描述他人。由于这些陈述涉及的性格特征经常引起人际摩擦或困扰，人们在使用这些表达的时候，往往带有批评或评判的意味。

A 的控制欲太强了。
B 总让我觉得我得去拯救他。
只要事情如 C 所愿，C 就是个很好相处的人。
在我看来，D 实在是太黏人了。
E 是个冷漠无情的人。
F 对所有事情都大惊小怪。
为什么 G 总是那么焦躁不安？
H 那个人，真是个愣头青！
J 简直是个戏精！
K 以为他是上帝赐给女人的礼物。
L 胆小如鼠。
为什么 M 总是在关系中做受气包？

这里的每条描述都总结了某种具体特质或交往风格，我们常用这种特质或风格表达我们对某人基本人格的看法。尽管说得不太明确，但这些描述指出了令那些被描述的人感到最为困难的领域：① A、B、C、D 在与需求和依赖的问题做斗争；② E、F、G、H 在控制强烈的（往往是痛苦的）情绪方面存在问题；③ J、K、L、M 在人际关系中存在自尊问题。

在第 2 章里，我们会详细讨论上述每个领域，探讨我所说的生活中的"主要心理困扰"。正是我们忍受这些困扰的相对困难程度，在很大程度上决定了我们会使用的心理防御机制类型。

我们每个人都会发展出独有的防御组合，用于应对普遍存在的情绪。不同的文化可能会对不同的情绪持有容忍或谴责的态度，从而塑造了我们的人格，以及我们规避不被社会接纳的情绪的方式。但世界各地的人都在与人类经验中相同的内在基本挑战做斗争：

（1）需要或渴望与他人接触，并依赖他人给予我们所需要的东西；忍受这些关系中的沮丧、失望或无助。

（2）应对困难的，且往往是痛苦的情绪，例如恐惧、焦虑、愤怒、仇恨、羡慕和嫉妒。

（3）对自己感觉良好，对于自己相对于他人的个人价值感到自信。

使不同的人感到难以应对的问题往往不同。两个面临相同情绪挑战的人可能会用完全不同的方式进行防御。对于我们所有人来说，我们使用的心理防御机制会塑造我们的人格，并深刻地影响我们的人际关系。

你采用了哪些心理防御机制

读到这里，你可能想知道："那么，这些不同的心理防御机制都是什么？"或者更有可能会想："我采用了哪些防御？"本书的剩余部分将专门讲解所有人都会使用的典型防御，还会附上来自我的实践工作的案例，以及我们都能理解的日常经历。为了讲解得更为透彻，本书前两部分的所有章节会包含一系列练习，这些练习会帮你看清自身正在使用的心理防御，理解你为什么会做你正在做的事情。

使用本书的练习

在做第一个练习之前，请回前文，看一看从 A 到 M 的人格描述。其中的一两项可能适用于你，只不过可能你没有那么极端。

可能有人曾这样说你，你感觉受到了伤害："你为什么对所有事情都这么大惊小怪？"或者："你总是那么焦躁不安！你能不能放松一点？"如果是这样，你可能会觉得需要保护自己，这时就需要防御（此处指的是这个词的日常含义）。每当有人用批评的言语来评论我们，或者用"所有事情"和"总是"这样的词来攻击我们时，不论他们的观察有多准确，我们自然都很难听进去。

即使朋友对我们表达一些关切或充满爱意的评价，我们可能也想拒绝。有时，无论旁人说得有多委婉，他们的话都会让我们想要防御。当你回顾前文中的 12 种人格描述时，你可能会坚称没有一种描述符合你的情况，即使不那么极端的情况也是不存在的。或者，你可能会有一些这样的想法，如"这里说得可能有些道理，但是……"回想一下我们对心理防御机制的基本定义（我们为了逃避痛苦而对自己撒的谎），我们就会知道，这样的反应可能意味着我们的某种心理防御机制已经启动了。这里着重强调的"但是"一词通常就说明了这一点。当我们遇到某些痛苦的事情时，我们就会开始防御。

弗洛伊德与许多追随他的心理动力学治疗师将这种现象称为"阻抗"(resistance)。你以前可能听过这个词,这不是一个难以理解的概念。起初,如果我们避开了那些令人太过痛苦的感受或现实,也就是说,使用了某种心理防御机制,我们自然而然地会阻抗任何可能唤醒那种痛苦的事物。有时,我们拒绝某种说法仅仅是因为那听起来不是事实。但是在其他情况下,我们阻抗这种说法只是因为我们觉得它太有威胁,或者让我们太痛苦了。在后一种情况下,我们对这种想法的阻抗揭示了我们正在运作的心理防御机制。

在我的心理治疗实践中,我每天都会看到来访者的阻抗。我不会与他们过多地对抗,只会让他们注意到这种阻抗,并温和地鼓励他们思考这种阻抗的意义。如果你没有接受心理治疗,你需要在阅读本书的时候自己完成心理治疗师的任务,在阻抗出现的时候引起你自己的注意。你必须带着耐心与坚定,问自己以下这些困难的问题。

- 为什么我总是执着于这个想法,一遍又一遍地坚称那不是事实?
- 为什么这段话让我这么生气?
- 为什么我还没开始读那本讲防御的书?因为读那本书总让我想起……想起什么来着?
- 读完那个案例之后,我为什么那么快就把它抛诸脑后了?

我建议你在阅读本书的时候,准备一个笔记本或日记本,记录下自己的反应。你可以把这些记录保存在一个安全的地方,确保别人不会看到。如果你担心别人可能会看到,记录那些让你感到羞耻或痛苦的观察就更难了。请尽量对自己保持诚实和不评判的态度。

试着只关注事实（你真实的感受、你未经修饰的反应），而不是你觉得自己应该做出什么回应。不要逼迫自己做出改变。

在进行本章最后的练习时，请写下你对每个问题的回答，记录下你可能会产生的任何特别强烈或反常的反应。在你阅读后面的章节时，请偶尔回顾一下你早期的反应。你可能会发现你的看法和理解会随着时间而发生改变。如果你不想做这项练习或不想回答这些问题，也请把这个反应记录下来。阻抗有许多不同的表现形式！

练 习

在做本书所有的练习时，请在日记中写下你的反应。你可以用记叙文的形式写，也可以做简短的总结。

（1）你是否相信自己能看到或发现一些有关你认识的人的事情，而他们却不自知？你觉得他们为什么发现不了自己的这一面？承认事实会让他们感到怎样的痛苦？

（2）在本章开篇处，我举了一些例子。例子中的主人公突然"醒悟过来"，意识到自己有一些之前从未感受过的情绪。你遇到过这种事情吗？你最终感受到的情绪是什么，是不是一种不愉快或痛苦的情绪？

（3）是否曾有人告诉过你一些关于你的事情，让你深感不快，让你开始防御（此处仅指该词的日常含义）？请回顾那段经历，思考一下，在那个人的话里，是否有一些真实的成分？

提 示

上面那些简单的练习仅仅是为了让你思考防御存在的事实，

不论是你自己的防御，还是其他人的防御；那些练习还能促使你关注我们所有人都会采用的、逃避痛苦事实的方法。在明天以及以后的日子里，你可以看看你能否发现朋友、同事或家人为了逃避痛苦，可能对自己撒了什么"谎"；也可以问问自己，有哪些不愉快的事实可能是你不想面对的。

第 2 章
3 种常见的心理困扰

> 生而为人,就必然脆弱。
> ——诺曼·O. 布朗(Norman O. Brown)

请思考下列有关我们人类的陈述。

(1)人类这种灵长类动物,有着漫长的婴儿期和更加漫长的、依赖他人的童年期。

(2)为了在这个危险的世界里生存下来,我们演化出了一系列强烈的情绪反应。情绪反应系统能帮助我们在关键情况下开展应对,并迅速对威胁性刺激源做出反应。

(3)智人是一种社会性动物。从历史的角度来看,他们始终以聚落或部落的形式共同生活,有着复杂的内部等级制度。聚落成员之间有着一种心理/情绪的内在联结,这种联结将聚落联系在一起,有利于整个种群的生存。

这些特点听起来像是有趣的人类学知识，与你个人或你日常关心的事情似乎没有什么关系，但实际上，上述的每一个特点都在我们的生活中发挥着重要的作用。它们也影响着我们的每一段人际关系——亲子关系、朋友关系、同事关系，以及恋爱关系，深深地铭刻于我们每个人对个人意义与自我价值的追寻之中。

下面的文字从发展的角度，记载了我们的演化、传承和塑造我们个人生命故事的一些方式，以及我们发展而来的人格、我们的心理问题可能以何种方式给我们造成困扰。

（1）由于童年期既漫长又脆弱，我们在很多年里只能依赖父母来满足我们的需要，保护我们免受外界的危险，所以依赖的问题始终是人生体验的核心。在婴儿时期，我们是全然脆弱与无助的，如果我们的需求没能得到满足，如果我们的父母很早就让我们觉得这个世界是不安全的，这种经历会影响我们一生中信任与依赖他人的能力。

请看看布莱恩的例子，他是我的一个来访者。在布莱恩还是婴儿的时候，他的父亲就抛弃了家人，而他的母亲随后经历了许多段短暂的恋爱关系。长大成人以后，布莱恩成了一个独来独往的人，他很难信任或依赖任何人。在他结婚的时候，他选择了一个很容易控制的女人，并且悄悄地在家里安装了监控设备，以监视妻子的一举一动。

我的另一个来访者，梅丽莎，拥有同样混乱的家庭背景。她变成了一个黏人且占有欲强的人，不论是在友谊中还是在浪漫关系中，都是如此。从她与别人建立一段新关系的那一刻起，她就会过分关注对方，担心对方会离开她。

（2）从出生的那一刻起，婴儿就对他们生活的世界怀有强烈的感受，特别是恐惧。父母的很大一部分职责就是帮助孩子管理自己的感受，比如帮助他们平静下来，让他们感到安全，或者在他们受伤的时候安抚他们。如果照料者让我们失望，无法为我们提供需要的情感支持，我们将始终难以管理自己的情绪。

我曾为一个年轻的女士进行了几年的心理治疗，我在这里叫她莎伦。她希望我帮助她应对难以控制的暴食-催吐循环。她父母很早就离婚了，她母亲用军事化的标准来管理孩子的生活，不允许孩子表现出任何强烈的情绪与内心冲突。这种管理非常严格，以至于母亲生活在一种"否认"的状态里，无法承认她的第二任丈夫在猥亵莎伦。成年以后，莎伦无法忍受强烈的情绪，总是使用食物来麻痹自己；她还在无意识中用呕吐来宣泄难以忍受的情绪，这样能让她进入一种平静而空虚的状态，尽管这种状态是暂时的。

我的另一个来访者，艾登，来自一个极度混乱的家庭，家中的情绪氛围总是起伏不定。他总是不断地被自己的情绪淹没。在他身上，很小的问题会变成重大的危机，沮丧的情绪会让他对同事大发雷霆。他在处理关系中的冲突时，也往往以情绪崩溃告终。

（3）我们每个人都需要觉得自己是重要的，在世界上有一席之地；我们需要内在的价值感，也需要感觉到我们生活中的其他人

（我们"聚落"中的人）重视我们、尊重我们。如果我们的早期环境无法为我们提供这种个体价值感与重视，我们就会陷入终生的羞耻感与低自尊的问题里。

山姆的父母非常严厉、追求完美，他们总让山姆觉得，无论他做什么都无法达到他们的标准。山姆后来长成了一个身材高大、非常英俊的男人，但他始终无法摆脱自己很丑的感受。尽管他已经结婚，而且在表面上是异性恋，但他偶尔会在情绪特别低落的时候出入同性恋洗浴中心。他从没有在那里有过性行为，但他很享受其他男人眼中对他的欣赏与渴望。

我还有一个来访者，杰西卡，她来自一个有着吸毒、精神疾病和破裂婚姻史的大家族。在杰西卡成长的过程中，母亲总是用理想化的眼光来看待她。因为她有艺术天分，学习成绩很好，母亲把她看作唯一不是"失败者"的孩子，但杰西卡对自己的能力没有任何自信。从记事时起，她就饱受羞耻感的困扰；长大成人以后，她也无法发挥自己的艺术潜能。她谈的每一次恋爱，最后都会变成情感虐待，她在关系中的付出总比收获多，对每段友谊也很少有要求。

这3种主要的心理困扰都与人类的核心体验有关。在我做心理治疗师的这些年里，几乎每个来见我的人都有上述的一个或多个问题。

有些来访者无法忍受亲密人际关系中的依赖性，他们就像布莱恩，无法与人亲近，或者像梅丽莎，与人"太过亲近"。

在个体心理治疗中，来访者会与我一同探索他们用于避免觉察自身需要的心理防御，在这个过程中，我会帮助他们更好地容忍这些需要——对于建立令人满意的关系,这是必需的步骤。对于有着相似问题的读者,本书收录了那些常被用于应对无法忍受的渴求的防御机制,并将指导你如何放下这些防御,教你如何使用更有效的方法去忍受这些渴求。

还有些来访者觉得自己的情感生活是不受控制的。他们可能会封闭自己,设法摆脱自己的情绪,就像莎伦的暴食;或者他们会觉得自己只能任由情绪摆布,不断地被自己的情绪淹没,就像艾登一样。

在治疗关系中,来访者会逐渐意识到自己用于管理情绪的防御策略,并且学会应对情绪的更好方法。本书的第二部分和第三部分会引导读者经历相似的阶段。

大多数来访者都在与自我价值感的问题做斗争。就像山姆一样,许多人渴望从他人那里获得很多赞赏,或者他们会试图博得众人的关注,从而逃避自我憎恨与个人的无价值感。有些人则像杰西卡一样,终生都受到羞耻感的困扰,他们觉得自己没有价值,缺乏在生活中取得成功或建立健康关系的信心。

作为心理治疗师,我工作的一个核心关注点就是羞耻感的问题——帮助来访者意识到自己为什么会有这样的感受,以及他们用于逃避羞耻感的自恋性防御,或者他们用于"消灭"那个满心羞耻、残破不堪的自己的完美主义与自我憎恨。本书会探索这些被用于应对羞耻感的特定防御,并教你用不同的方式识别并应对羞耻感。

上文中至少有一种描述是你有切身体会的。

也许你无法建立满意而持久的人际关系，这可能是因为你难以与人亲近，或者是因为其他人觉得你占有欲太强或"太黏人"。你可能经常反应过度，事后后悔；或者你可能会封闭自己，不去觉察自己的真实感受。你可能一生都在忍受低自尊甚至自我憎恨的折磨。

根据我的经验，大多数人在以这样或那样的方式与这些问题做斗争。他们也会使用不同的心理防御机制来逃避痛苦，有些方法比其他方法更管用。当人们采用的心理防御机制相对稳定、有效时，他们很少会寻求心理治疗（或者购买相关的书）。即使他们不得不牺牲情感生活中的某些方面，但他们已经取得了一种情绪上的平衡，让生活变得能够忍受。我们不需要承认和感受所有的痛苦情绪。在有些情况下，心理防御机制能帮助我们管理生活中的痛苦，因此它们是有用的。并非所有人都需要或想要接受心理治疗。

通常，只有在心理防御机制不够有效或者让我们更加痛苦，而不是好转的时候，我们才会寻求专业的帮助。也许这就是你决定购买本书的原因。你可能有一些强迫行为，影响了你的生活和关系。你可能有一种难以理解、无法打破的破坏性思维模式。你可能会对他人做出不受控制的反应，给自己带来巨大的痛苦和羞辱。也许你的大多数关系都是破碎的、不成功的。

这些迹象表明，心理防御机制已经对你没有帮助了，甚至还会给你带来更大的痛苦，远超过它原本应该治愈的伤痛。这说明在三大主要心理困扰中，你至少有一方面或多方面的问题，你需要：①容忍需要与依赖的存在，将它们看作关系中不可缺少的部分；②管理强烈的情绪；③培养自尊（相对于羞耻感与缺损感）。

这也说明你需要找到更有效的应对方法，本书第三部分的目标就是教你该怎么做。

主要心理困扰的理论背景

（对这些理念的理论基础与历史不感兴趣的读者可以跳过这部分，从练习读起。你不会有任何不连贯的感觉。）

几乎每个人都知道西格蒙德·弗洛伊德强调了性本能（力比多）在人性中的重要性，他的理论阐述了孩子在口唇期和肛门期的性欲，让同时期的人震惊不已。在他的《性学三论》(Three Essays on Sexuality, 1905）中，弗洛伊德首次提到了本能的来源、目标与客体，并且在他后来的作品中，他反复提到了这些概念："我们能区分本能的来源、目标与客体。其来源是身体的兴奋状态，其目标是平复这种兴奋……"⊖

尤其是在弗洛伊德早期的作品里，他的观点有时很机械论，他就像一个生物学家在讲解性张力的累积和随后的释放，完全不考虑任何人际关系。但是，弗洛伊德所有的理论都隐含着一个理念，即本能的实质是对客体的寻求，也就是说，我们人类有一种与他人联结的内驱力，而不仅仅是在寻找释放性张力的捷径。在前面的引文中，本能的第三个特征就是客体。从一开始，精神分析理论就一直在使用这个不甚恰当的术语来指称人，而不是把人看作个体（即将人看作客体而非主体）。

强调与人建立联结的驱力的理念，正是客体关系学派（Object

⊖ (1933) *New Introductory Lectures on Psycho-Analysis*, S.E. **22**, p. 96.

Relations school)的思想核心。客体关系学派的思想是由罗纳德·费尔贝恩（Ronald Fairbairn）、梅兰妮·克莱因、唐纳德·温尼科特（Donald Winnicott）与哈里·冈特瑞普（Harry Guntrip）等理论家在二十世纪四五十年代提出并发展而来的。尽管客体关系学派保留了弗洛伊德的力比多理论中的许多术语，但它在很大程度上把强调的重点从性驱力转移到了母婴关系上。这种思想关注婴儿早期的依赖——需要、渴望与沮丧的体验。现在，大多数心理动力学治疗师都采用这样的范式来理解自己的来访者。

- 在来访者处于童年早期的时候，在他完全无助、依赖父母，尤其是依赖母亲的时候，他的体验是什么样的？
- 父母的局限与失败如何影响了他的发展？他需要他人的早期体验是不是令他沮丧到无以复加？
- 哪些早期经历如何影响了来访者现在的人际关系？

换句话说，作为弗洛伊德思想的延伸，客体关系理论考察的是我们的第一个主要心理困扰的起源——需要他人、依赖他人的体验。

后来的许多理论学家拓展了我们对于早期母婴关系的理解，他们关注母亲帮助尚未发育成熟的婴儿学会管理自身情绪体验的作用。唐纳德·温尼科特提出了"抱持的环境"（holding environment）这一概念，海因茨·科胡特（Heinz Kohut）关注共情，而 W. R. 拜昂强调母亲在"容纳"孩子无法忍受的情绪体验时的作用——他们三人都提到了母亲如何帮助孩子忍受、理解并最终学会思考孩子自身的情绪体验。这些理论家强调了我们的第二个主要心理困扰——

我们如何学着管理自己的情绪。大多数心理动力学治疗师受到过这种理论的影响。

- 为什么我的来访者对强烈情绪的容忍度那么低？是不是他无法与母亲建立情感联结，或者情况恰恰相反，他母亲的情绪反应太混乱、太可怕？
- 在治疗中，我该如何帮助他容忍那种爆发的怒火而不被其吞没？他母亲的情绪极其不稳定，是个完全不可靠的人，这肯定是个影响因素。

海因茨·科胡特不仅阐述了共情及其在客体关系中的作用，还拓展了我们对个体自我体验的理解——一个人作为他自己有什么内在感受，他在身份认同、个人意义及自我表达等问题上有何困扰。后来，安德鲁·莫里森（Andrew Morrison）揭示了深层羞耻感在自体障碍（包括自恋）中的作用。[⊖] 这些理论家探讨了我们的第三个主要心理困扰的起源：我们对于内在个人价值感的寻求，以及对他人重视的渴望。心理动力学治疗师可能会这样分析他们的采访者：

- 他早期家庭生活中的暴力与极度的混乱给他留下了深深的羞耻感，让他觉得自己"不正常"。
- 他那抑郁又以自我为中心的母亲顾不上自己的孩子，也基本没有能力去爱他、滋养他。所以他长大后缺乏自我感知，感觉不到自己的价值以及作为一个人的重要性。

⊖ Andrew P. Morrison. *Shame: The Underside of Narcissism* (New York: Rutledge, 1997).

下面的练习会帮你进一步审视每个主要心理困扰，从而发现你在哪个（哪些）方面最有困难。

<u>练　习</u>

下面的陈述可以分为 3 类，每一类包含两组。请将所有陈述阅读一两遍，思考哪一类陈述更能代表你的情况。然后再看一遍这类陈述，看看哪组陈述更能准确描述你的情况。把你的选择记在日记本里。

请务必记住你选择的组号，因为我会在第二部分里提到这些编号。

即使你把日记保存在一个很安全的地方，你也可能会担心万一别人看到会怎么想，就好像有人正站在你的身后，从你的肩膀后方看着你。请尝试放下这样的想法。如果这种想法对你的影响很大，就把你想象中"他人"会说的话原原本本地写下来。你对自己的期待，你想要自己成为的"你"可能会成为另一个障碍。我在本书后面的章节中会讲到，培养冷静而诚实的态度（评估的时候既不要太严厉，也不要太宽松）是学会放下防御的必要步骤。请尽量客观地看待自己。

在做完练习之前，不要看后面的讨论。

■ 第一类

第 1 组

我不相信别人会在我需要的时候支持我。

我总会遇上同一类黏人的人。

太需要和依赖别人是一种弱点。

我很少饮食过量,我把自己的食欲控制得很好。

与别人相比,性对我来说没那么重要。

如果你想把某事做对,就得亲力亲为。

第 2 组

当问题出现的时候,我总是幻想有人来替我"搞定"。

我没有暴饮暴食,但我希望能更好地控制自己的进食。

每当我谈恋爱的时候,我总会耗尽全部的精力。

有时我觉得自己太需要别人了。

尽管我知道这不是个好主意,但我依然偶尔会在约会的时候与约会对象发生性关系。

他人对我的重要性似乎超过了我对他们的重要性。

■ 第二类

第 3 组

强烈的情绪表达总让我感到不安。

除了偶尔看悲伤的电影的时候,我几乎从来不哭。

我很少生气,从不发脾气。

我是个极其和善的人。

我经常尝试新事物,但很快就失去兴趣了。

我担心,如果我不非常小心,就会有坏事发生。

第 4 组

我经常反应过激,事后又感到后悔。

对于我来说,被情绪淹没是一件很常见的事情。

我希望我的情绪不会大起大落。

我经常觉得心里很乱,失去控制。

我总是发脾气,已经数不清有多少次了。

我觉得自己好像压抑了许多强烈的情绪。

- 第三类

第5组

我可能照镜子照得太多了。

我的很大一部分支出都花在买新衣服和打理我的外貌上了。

其他人往往希望他们能拥有我的外貌、成功、人格。

在关系方面,我很难找到能达到我的标准的人。

在聚会上,我喜欢成为众人关注的焦点。

我经常瞧不起别人,或者对其他人感到不耐烦。

第6组

我经常觉得自己"不如"朋友和熟人。

我经常为自己犯的错误苛责自己。

我经常嫉妒其他人,嫉妒他们的生活。

我担心其他人会看不起我。

我很难面对批评,总是非常敏感、戒心重重。

我希望自己是其他人。

在做这项练习的时候,你可能已经发现,第一类陈述关注需要、渴望和依赖,第二类陈述关注强烈的情绪与自我控制,第三类陈述关注自尊以及我们如何将自己与他人进行比较的问题。

对第1组陈述最有同感的读者很难认可对他人的需要与依赖。他们的防御主要用于否认依赖,说服自己不会感到渴望与需要。

认同第2组陈述的人与此相反,他们的需要与渴望往往"过了头"。他们试图运用自己独有的心理防御机制控制自己的需要，以此来掌控自己。

倾向于接受第 3 组陈述的读者可能会觉得强烈的情绪令自己很不舒服。他们的心理防御机制主要用于逃避可能引发强烈情绪的情境，或者减少这种情绪对他们的影响。

被第 4 组陈述吸引的读者经常被自己的情绪淹没。他们的心理防御机制的目标是想方设法地"消除"这些情绪，或者保持某种特定的情绪，排斥其他的情绪。

被第三类陈述吸引的读者，不论更倾向第 5 组还是第 6 组，都有羞耻感和低自尊的问题。对于认同第 5 组陈述的人，他们的心理防御机制的作用是说服自己和其他人"事实恰恰相反"。

对于认同第 6 组陈述的人来说，他们的心理防御机制在很大程度上失效了（并没有完全失效），虽然成为另一个人的渴望本就是一种防御机制。我会在第 11 章"对羞耻感的防御"中进一步讨论这个问题。

提 示

你可能会与许多不同类别的陈述产生共鸣，或不属于某个特定的组。比如，第 1 组和第 3 组的陈述往往会说出同一类人的心声。在这里，重要的不是给自己一个狭隘的分类，而是理解你的情绪挑战是什么，然后你才能发现自己用于应对这些挑战的心理防御机制。从某种程度上讲，每个人都在或多或少地与所有这些问题做斗争。

请留意这些问题在你日常生活中的呈现形式。注意你或者其他人如何应对渴求或想要某一事物的感受。这种事情可能小到请某人帮你从厨房里拿一瓶汽水。请留意应对强烈情绪的不同方法，注意你身边的人倾向于发脾气还是自我封闭。请观察一下，与别人相比，你的自尊水平如何，并且问问自己，你是如何想象别人对你的感受的。

在阅读下一章之前，请务必明确练习中的哪一组陈述能最好地描述你的情况。请记住组号。

第 3 章

我们的情绪清单

> 没有痛苦就没有清醒的意识。
> ——卡尔·荣格（Carl Jung）

在上一章里，我们探讨了有关人类核心体验这 3 个方面的主要心理困扰——容忍渴望、忍受强烈的情绪，以及培养个人的价值感与重要感。尽管第二个方面的主要困扰集中在情绪方面，但其实三者都涉及所有人都时而会产生的典型情绪。应对我们的主要心理困扰意味着面对并接纳许多情绪。

拥有普通人的需要意味着我们渴望与他人建立联结，渴求肢体亲近，渴望友谊与性。当我们得到自己需要的东西时，我们会感到幸福和满足；当我们得不到时，我们可能会感到悲伤、孤独或沮丧。如果沮丧让我们忍无可忍，我们会愤怒、埋怨，甚至仇恨。

培养个人价值感涉及自豪感，这是一种让我们对自我与世界感到满足的整合感和幸福感。高自尊也与幸福和满足相关。相反，羞耻感是我们所知的最深刻的痛苦感受。羞耻感会破坏幸福和满足的体验，会使我们所有的情绪都变得暗淡无光，会阻碍我们获得自己需要的东西。

因此，我们在应对主要困扰的时候，心中不可避免地会产生强烈的情绪，要处理好这些问题，就意味着必须学会容忍那种高强度的情绪，无论那些情绪是愉快的还是痛苦的。也就是说，我们需要接纳这种生而为人的现实：我们有许多无法避免的情绪。

我只想要快乐

作为心理治疗师，面对新来访者时我最先遇到的挑战之一，就是某些不可避免的痛苦感受。早年间，在我自己接受治疗的时候，我曾对我的心理治疗师说过"我只想要快乐"。我用多种不同的方式说过不止一次。他经常用一个问题来回答我："你想了解自己真实的感受，还是只想有某一种感受？"多年以来，我也听我的许多来访者说过类似的话，我通常会用当年我的治疗师回答我的方式来回应我的来访者。

人人都想要快乐，想要感受对他人的爱。这是很好理解的，而且有许多专业的建议试图帮你达成这一点。在巴诺书店（Barnes & Noble）的自助书专区转一转，你就能找到许多指引你走向快乐，或者教你如何获得无条件的爱的书。还有些书会指导你克服某种"负面"的情绪。尽管我理解人们对快乐的渴求、对感受爱的渴望，以及超越困难、痛苦情绪的愿望，但本书提倡我们用一种不同的态度来对待我们的情绪。

情绪是一种短暂的体验，它们来来去去，肯定没有人会一直保持一种情绪。既然如此，你不可能获得"快乐"，就好像你不可能达到某种情绪状态，并且一直待在这个状态里一样。即使你婚姻幸福，做着自己热爱的工作，但某个你关心的人可能会面临生老病死，比如父母或你爱的其他人。即使你取得了一定的成就，实现了自己的理想，但经济环境可能急转直下，州际公路依然会堵车，售货员可能粗鲁无礼，航班也可能会取消……总会有事情出错，意外也总会发生。沮丧、失望、愤怒、悲伤与哀痛都是生而为人不可避免的体验。最后，每个人都必须面对自己必然走向死亡的事实。

我们每时每刻都在尽量逃避痛苦，这是很自然的现象。我们会寻找一条不同的行车路线，以避开周五下午回家时的交通拥堵；我们肯定不会再去服务不周的商店购物；我们不会再与经常伤害我们感情的熟人来往。但是，我们许多时候无法预料或逃避痛苦。在那些情况下，我们需要忍受痛苦、沮丧或失望。有时通过那些感受，我们可以获得经验教训（如"我不会再相信霍利了，她让我失望太多次了"），但我们往往只能忍受痛苦，直到那些感受过去，除此之外，我们别无选择。

我发现，许多人都难以忍受自己的体验。此处要用引申义来理解这个词——容忍，尤其是容忍不可避免或无法逃避的事情。人们想要摆脱自己的体验（用酒精或非法的药物），转移自己的注意，甚至欺骗自己，不去正视自己的真正感受——诉诸多种心理防御机制。我们将在本书的第二部分中讨论这些防御。

在我们了解这些防御之前，我们首先需要讨论人类情绪的概况——在应对主要心理困扰时，所有人都偶尔会有为之挣扎的感受。如果对自我和我们的感受足够敏感，我们就无法逃避那些情绪。正是那些最痛苦的情绪，经常让我们诉诸心理防御机制。

亚里士多德的情绪清单

千百年来，许多理论家都曾尝试完整地罗列出我们的所有情绪。尽管亚里士多德的情绪清单写于两千多年前，但我依然认为他的清单最能为我的目的服务。在他的《修辞学》(*Rhetoric*)第二卷里，他告诉我们，我们的基本情绪是由以下 7 组对立的情绪组成的。

- 愤怒与平静。
- 憎恨与爱。
- 恐惧与自信。
- 羞耻与无耻。
- 感恩与不感恩。
- 怜悯（或共情）与愤慨。
- 嫉妒与竞争。

由于这里亚里士多德讨论的主要是修辞学，或者说是公共演讲，所以他强调的是情绪如何影响我们的判断，以及公共演讲者如何唤起听众的情绪，以便说服他们。而我的关注点在于，这些情绪会不可避免地出现在我们的关系里，尤其是那些我们最难以忍受、最容易触发心理防御机制的情绪。

我用一种略微不同的方式将这些情绪归类，我分类的依据是我们从婴儿成长为成年人期间，最理想的情绪发展阶段。这样的分类能更好地帮我们应对主要心理困扰。这个分类不是面面俱到的，不会包括你曾感受过的所有情绪，但会包含我们人类能感受到的主要情绪，并强调那些最让我们感到痛苦、艰难的情绪。

就像大多数心理动力学治疗师一样，我会着重考虑婴儿与他们的早期体验。我们从子宫出生时遇到的环境如何帮助或阻碍我们应对主要心理困扰，会在很大程度上影响我们会成为什么样的人。那些最痛苦的、我们终生都在与之斗争的情绪，就是我们最初感受到的情绪。

恐惧、愤怒与憎恨

听见新生儿的哭喊是一种非常不舒服的体验。这种哭声会给听者带来各种痛苦的感受。如果你仔细体验自己的反应，你就能理解婴儿当下的感受。首先，我们谈谈恐惧。新生儿的哭泣传达了一种对于子宫外部的陌生且不可预测的环境的恐惧。其次，婴儿的哭声听起来往往也带有愤怒，好像他讨厌自己此时的感受，好像他倍受其害。⊖

婴儿也许会感到饥饿、寒冷、身体不适，或只是筋疲力尽。这些新的、不熟悉的体验是痛苦的，让婴儿感到害怕，他不知道这种体验会持续多久。如果婴儿的不适持续得太久，他就会生气，他会觉得这些无法逃避的感觉在迫害他，甚至会逐渐憎恨起这些感觉。我相信，这就是我们最初对于陌生、痛苦体验的反应，这些反应以

⊖ 说到早期的憎恨时，我不是说婴儿憎恨自己的母亲，而是指婴儿憎恨他在情绪和身体上体验到的痛苦。

不同的程度持续终生。

许多成年人害怕新的、不熟悉的体验。这样的恐惧会让我们成为风险厌恶者，不愿意放弃熟悉的事物和追求未知的事物，不愿意冒险接受一份新工作、新关系，甚至新发型。许多人被困在僵化的例行事务里，害怕打破固有模式，做出一些出乎意料的事情。其原因也许很复杂，但担忧事情的改变会影响他们的感受，往往是其中的一个原因。对意料之外、不可预测的情绪的恐惧，往往会触发心理防御机制，所以我们会在那些情绪造成困扰之前就把它们排除在意识之外。

我们当中有多少人会在疲惫、饥饿或者痛苦的时候变得闷闷不乐，容易对周围的人发火？"不要对我发泄情绪。"人们往往会这样回应我们。我们的闷闷不乐是一种愤怒的表达，是由不愉快的体验引起的，而我们往往会把这种愤怒指向身边的人，就好像这是他们的错。当我们产生自己不喜欢的感受时，我们就会生气，有时我们会憎恨那些我们认为让我们产生这种感受的人。这往往是不公平的：我此时有这种感受，其实不是你的错，但这不妨碍我痛骂你一顿，就好像这是你的错一样！

偶尔出现的恐惧、愤怒，甚至憎恨，都是不可避免的情绪的一部分。

平静与信任

如果婴儿身边的情绪氛围为他提供了需要的东西（也就是说，如果父母把婴儿抱起来，喂养他、安抚他、给他换尿布，等等），婴儿的恐惧就会减轻，他会平静下来。随着不适感的消失，愤怒和憎恨也会消失。

当然，饥饿感最终会回来，疲劳和其他身体不适也一样，它们会重新引起恐惧、愤怒的感受，有时也会引起憎恨。但只要父母给婴儿提供他需要的东西，他就会不断地回到平静的状态。通过这种反复恢复平静的体验，婴儿会逐渐形成对世界的安全感。随着时间的推移，得到喂养和安抚的记忆会逐渐累积，婴儿相信照料者会在他下次感到痛苦的时候再度出现，为他提供帮助。

这种得到始终如一的照料，一遍又一遍地回到平静状态的体验，不仅能让婴儿信任照料者，也形成了其自信的基础。成功走过那些痛苦时刻的记忆不断累积，能让婴儿相信，当这些感受再次出现的时候，自己能够渡过难关。这种忍受自身"情绪风暴"、熬过困难经历、渡过难关的能力，正是自尊或自信的基础。

请想象一个你认为的情绪稳定、比较自信的人，他既不傲慢也不冷漠，没有什么特别之处，只是一个普通的、心态平和的、满足的人。他成长的家庭就很可能为他提供了我刚才描述的那种情绪氛围。那种环境并不完美，但用温尼科特的话来说，已经"足够好"了。如果生活环境基本上是可靠的、足够好的，能够对我们的需要做出回应，就好像我们的心灵也得到了需要的给养，那么我们就能成长为一个"正常"的成年人。

一个足够好的环境能使我们产生自信，拥有忍受"情绪风暴"的能力。

羞耻感

如果父母不能让婴儿安静下来，不能给他需要的东西，或者更糟，如果父母拒绝婴儿的要求，并用敌意来回应他，会发生什么事情呢？许多父母自身有着情感上的局限，无法忍受为人父母带来的匮乏感与挑战，他们可能会憎恶婴儿给他们带来的感觉，进而排斥婴儿。有太多父母沉浸在自身的需要与个人的困扰里，以至于他们心中容不下其他人。还有的父母身患精神疾病，深陷于抑郁、焦虑的困扰，或者缺乏对自我和自身边界的感知，有一些不幸的婴儿就成了他们的孩子。

在这种环境中长大的孩子会怎么样呢？

他们不会对世界产生安全感，不会相信自己能得到茁壮成长所需的食物与情感支持，他们的恐惧、愤怒和憎恨会变得令他们无法忍受。他们没有能力忍受这种痛彻心扉的体验，只能防止自己意识到这种体验。他们没有学会忍受与理解自己的体验，相反，他们会试图摆脱这些体验，或者摆脱对这种体验的觉知，依靠心理防御机制来保护自己。

生活在这种家庭的孩子很难发展出对世界的基本信任感与安全感，他们可能饱受焦虑的折磨，时刻担心着可能会发生什么。他们缺乏随信任发展而发展的自信，反而会体验到一种深深的羞耻感。这种羞耻感与后来形成的羞耻感不同，后者可能源于生活中的重要他人传递给我们的羞辱信息。⊖这种羞耻感不同于我们因违反了某些所有人都接受的社会行为准则而体验到的羞耻感。这种羞耻感源于对父母失望的普遍体验，这种体验折磨着我们内在的核心，让我们觉得自己在某些方面与他人不同，觉得自己是有缺陷的，甚至是

⊖ John Bradshaw. *Healing the Shame that Binds You*. (Drfield Beach, Florida: HCI, 1987).

畸形的。我会在第 11 章中详细讨论这种羞耻感。

你身边的朋友就可能深受这种羞耻感的困扰，就像我的来访者杰西卡，一个才华横溢的人，我会在最后一章讲述她的故事。她似乎总是无法实现自己的潜能，总是付出太多、得到太少，总是经历一段又一段遭受虐待的恋情。或者就像山姆，他也是我的来访者，他在洗浴中心展示自己，因为他迫切地渴求赞赏与爱慕。

羞耻感是童年困境的痛苦遗产，是最强有力、最不被人理解的情绪。这种情绪迫使我们过度依赖心理防御机制。

嫉妒与妒忌⊖

我们当中那些背负着羞耻感、缺陷感长大的人，往往也会挣扎于嫉妒与妒忌的强烈感受。那些在生活中取得成功、达成目标，在经济能力上超越我们的人，往往会引发我们强烈的羞耻感和自卑感，我们会因此讨厌那些人。我们认为他人拥有某些我们永远无法拥有的东西（某种品质、关系，甚至物质财产），这种想法会让我们想要贬低他人，嘲笑他们的成就，让他们"认清自己的真实面貌"。

即使没有这种羞耻感的人偶尔也会感到嫉妒。在某种程度上，嫉妒是一种正常的体验，告诉我们自己想要什么，也可能会激励我们为之努力。嫉妒可能是一种让我们感到稍微有些痛苦的觉知，即他人拥有某些我们希望自己也能拥有的东西，但它不一定总会让我

⊖ 我所说的嫉妒（envy）是指因意识到他人具有某种优势而产生的痛苦或怨恨，以及对拥有这种优势的渴望。而我说的妒忌（jealousy）是指在关系中伴随着竞争与不忠等问题的情绪。换句话说，嫉妒涉及两个人（你有某些我想要的东西），而妒忌涉及三个人（我因为你与第三方的关系而感受到威胁）。

们记恨或者想要贬低他人。当嫉妒与羞耻感结合在一起时，就会变成无法忍受、破坏性极强的情绪。为了得到解脱，我们可能想要毁掉我们嫉妒的客体。

同样地，妒忌也是一种很常见的体验，是许多关系中的一部分。我们大多数人偶尔会感到妒忌，但这通常不是一个大问题。如果我们十分关心某人，那么当这个人与他的另一个密友、前任伴侣或一群人花很长时间相处的时候，我们就会觉得自己受到了冷落，但这不会让我们产生强烈的威胁感。当我们的确产生了强烈的威胁感，或者觉得妒忌的体验令自己非常痛苦的时候，我们可能有着充分的理由（例如，我们的伴侣出轨了）；或者，我们原有的羞耻感可能在作祟，那种个人的缺陷感或无价值感源于我们早期成长中的失败体验。

一些人的父母不断地在情感上让他们失望，无法为他们提供需要的东西，因此他们很少在成年关系中感到安全。使一个人产生轻微、短暂的妒忌的事，在另一个人身上，可能会引起无法忍受的痛苦。如果我们深陷羞耻感之中，妒忌可能会变成更加可怕的情绪，因为我们怀疑他人是否爱我们，我们害怕自己的缺陷与不足会使我们无法得到别人的爱。由于我们害怕内在的真实自我迟早会显露出来，并使我们遭受拒绝，因而妒忌就成了一种有害的体验。

嫉妒与妒忌都是正常的情绪，但当它们与羞耻感结合时，就会变得使人难以忍受。

爱、感恩，以及感同身受的能力

如果我们的成长足够顺利，如果我们的照料者让我们感受到安全与爱，进而感受到自信，那么我们也会对他们的付出心怀感激。我们会发展出爱的能力。如果照料者能够与我们共情，恰当地回应我们的需要和情绪，那么我们就能以同样的方式对待他人。如果你的需要得到了满足，你就会感恩；如果身边的人能够理解你的感受，帮助你容忍这些感受，那么在你长大后，你就能为他人做到同样的事情。

共情就是想象自己处在别人的位置上会怎么样，所以就情绪而言（进入他人的情绪体验），你要能够忍受那些情绪，这样才能与他人感同身受。如果我们的需要没有得到满足，如果我们依赖的人无法与我们感同身受，我们可能会缺乏与他人共情的能力，我们真正地爱他人的能力可能会受到限制。我们可能会不够关心他人，过度关注自己，即"自恋"（此处指的就是这个词在当今常见的含义）。

或者，我们可能会发展出过度活跃的共情，过度关注他人的需要。在某些家庭里，父母在情感上能给予的东西微乎其微（他们的情感非常不成熟，也极度渴求他人来满足他们），在这种家庭里长大的孩子可能会觉得自己只有先照顾好别人的需要，才能得到自己需要的东西。他们对他人的关爱似乎是无私的，但实际上这种关爱与其他人没有太大的关系。他们共情的目的是实现某种理想的自我意象，从而与羞耻感对抗，它与未得到满足的需要有关，而不是真正的慷慨。

爱、感恩以及与他人感同身受的能力来自足够好的成长环境，自我关注或虚假的无私可能源于过度的情感匮乏。

这一部分内容勾勒了何谓最理想的发展，以及孩子成长过程中可能出现的问题，是我多年的临床经验、教育与受训经历的浓缩。如果你觉得信息量太大，一时难以全部理解，我也不会感到意外。不用担心，我们会在后面的章节回顾这些理念，以后再重温本章也是个好主意。

这部分讨论的核心观点是，有些情绪（其中有许多是痛苦的）是人类体验的内在成分，无法完全避免。所有人都会在不同的时期面对这些情绪。下面的练习会帮你在自身的经历里发现这些情绪。

练 习

请试着回忆你有如下情绪的时刻。请在日记里记录其中的一个时刻，尽可能地记录下情绪的细节。如果你同时想到了好几段经历，请关注最痛苦或最艰难的经历。请记住，情绪可能包括身体的感觉、随之而来的幻想、你对自己有这种感受的评判，以及当你把这种情绪表达出来后他人可能的反应。深入地探索这种情绪，把所有想到的都写下来。

下面的情绪清单关注负面或痛苦的情绪，这些往往是我们不愿感受的，最让我们感到困扰的情绪。

- 极度焦躁和忧虑。
- 痛苦的孤独。
- 与性有关的沮丧。
- 极度依赖他人，让你几乎无法忍受。
- 怒不可遏。

- 悲哀，并且伴随着深深的丧失感。
- 满心憎恨。
- 羞愧和耻辱。
- 痛苦的嫉妒。
- 强烈的妒忌。

如果你想不出符合以上某种情绪的事情，就做一个特别的标记——这可能说明某种心理防御机制在起作用（也就是说，你可能把那种事情排斥到意识之外了）。在你写的时候，如果你发现自己在为自己的情绪辩解或者指责他人，也做一个特别的标记——你可能觉得那种情绪是尤其难以接受的。

在做完这个关注痛苦情绪的练习以后，你可能会自然而然地感到疲惫。这很正常，因为我们通常不会花这么多时间来挖掘我们更愿意遗忘的记忆。休息一下再继续阅读可能会更好。

<u>提　示</u>

完成前3组练习以后，你应该对这些深深地困扰着你的主要心理困扰有了基本的了解。

（1）从基本的人类需要的角度看，你可能过度依赖自我，或过度依赖他人。

（2）你的情绪可能会太强烈或太冷静。

（3）一方面，你可能因羞耻感而寸步难行；另一方面，你可能在不断地逃避羞耻感。

第3章中的练习应该能帮助你探索那些与我们的主要心理困扰有关的、最为困难的情绪，可能也为你提供了一些线索，帮助你思考哪些情绪最困扰你。

有了这些了解以后，你就已经做好准备，能够继续了解个体的心理防御机制，它们如何运作，以及你可能正在使用哪种心理防御机制了——这就是第二部分的主题。

请记住

由于"防御机制"这个概念带有明确的、机械化的性质，每当我们讨论心理防御的时候，我们很容易认为我们所说的是孤立的、界定分明的心理过程。在第二部分中，为了让你熟悉各种心理防御机制的特征，我会逐一讨论它们，但请记住，这些名称各异的心理防御机制其实并不像它们的标签显示的那样泾渭分明，并且通常能够以完全不同的方式来理解。

同样地，请尽力抵制当今文化给每个人贴上诊断标签的趋势。如今，你也许经常听说某人患有双相情感障碍、注意缺陷多动障碍、创伤后应激障碍、自恋型人格障碍、边缘型人格障碍或季节性情感障碍等疾病，这已经是司空见惯的事情了。虽然标签能为我们提供某些安慰，就好像我们真正知道某些有关自己或他人的重要信息，但实际上，这些人造的、割裂的分类掩盖了人类体验极大的多样性。人不等同于类别，没有人能完全符合任何类别的描述。

许多准备接受治疗的来访者对我说,他们被诊断有这个或那个障碍,好像他们在告诉我某些至关重要的个人信息一样,但是他们在开始治疗的时候,对自己的见解并不比其他人更深刻。在阅读其他书或听大众媒体的报道时,你可能会相信自己患有某种可识别的、众所周知的障碍。请暂时把这种想法放在一边。请想想你独特的成长背景与人格,不要把自己塞进某个诊断标准里。

请努力理解你自身的防御方式(你为了避免觉察到痛苦而做了些什么,以及为什么这样做),而不要思索哪个诊断标签最适合你。

换句话说,请更多地考虑你无法忍受的痛苦,而不是具体的某个心理过程或诊断标签。请更加关注你可能在逃避哪些事物,以及那些事物为什么让你感到痛苦,而不要太过担心你具体在运用哪种心理防御机制,或者 DSM-IV[○]中的哪条诊断标准更适合你。

不论我们如何界定这些概念,所有心理防御机制都代表了我们想要逃避、掩盖或摆脱某些内在体验的努力,这些内在体验在我们看来是不可接受的,或者痛苦到无法承受。

现在我们来看第二部分。

○ 即《精神障碍诊断与统计手册》(第四版)(*Diagnostic and Statistical Manual of Mental Disorders, 4th Edition*),目前已更新至第 5 版。——译者注

2

Why Do I Do That

第二部分

识别自己的心理防御

认识 10 种心理防御机制，了解自己的心灵地图。

第 4 章
压抑与否认

听听你说的话，你太压抑了。
——《疯狂店员》(*Clerks*)，1994

压抑

当一部关于两个便利店店员的低成本独立电影把精神分析中的某个概念用在对白中时，我们就知道这个概念已经进入了主流文化。在互联网上搜索"太压抑了"，你就会发现这个词被用在了美国人、西方女性、基督徒、日本人、爱尔兰人等各种各样的人身上。我们大多数人都了解性压抑的概念，这也是好莱坞电影中不断出现的主题，从《天涯何处觅知音》(*Splendor in the Grass*，1961)到《美国丽人》(*American Beauty*，1999)都涉及了这个主题。

多数人在想到压抑（repression）的时候，只会把它与性的议题相联系，这在很大程度上是因为弗洛伊德思想对性欲的强调，以及性议题在 20 世纪得到了大量的表达，抨击了长久以来对性的禁忌。虽然多种创伤都可能会导致压抑记忆综合征（repressed memory syndrome），但在大众看来，这种障碍最常见的原因与童年期的性虐待有关。随便找个人问一下压抑是什么意思，他的回答很可能会涉及性。

然而，压抑应对的是一系列更为广泛的体验，几乎所有不被接纳的或痛苦的感受都可能被压抑到觉知以外，比如愤怒、内疚或哀伤。压抑是西格蒙德·弗洛伊德最早发现的心理防御机制之一。在他的职业生涯早期，就在他刚刚放弃使用催眠的时候，他发现有一种心理力量会阻止一个人觉察到某些不被接纳的冲动或想法，把这些想法排除在意识之外。

在弗洛伊德阐述压抑的论文中，他用一句话描述了这个概念："压抑的实质仅仅是避开并远离某些事物，把它们排除到意识之外。"⊖ "某些事物"可以指不被接纳的情绪或欲望，也可能是你宁愿不承认的对现实的感知。尽管弗洛伊德在很大程度上认为压抑的动机是逃避冲突，例如性冲动与道德之间的冲突，但我觉得记住唐纳德·梅尔泽的看法（第 1 章）更有用，即所有防御（包括压抑）在本质上都是我们为了逃避痛苦而对自己撒的谎。

所以，我们压抑某些东西（比如让某些事物远离自己的意识），是因为我们在试图逃避这样或那样的痛苦。

早年间，弗洛伊德的"防御"与"压抑"这两个词几乎可以相

⊖ Sigmund Freud, *S.E.* 14, p 147.

互替换。在说到压抑时,他有时把它当作一种独特的心理防御机制,有时似乎又把它当作所有心理防御机制背后的基本原则:进入无意识领域的所有事物,一定都是被我们压抑到觉知以外的东西。本章的另一个主题——否认,其自身就是主要的心理防御机制之一,但它也依赖于压抑的运作。

弗洛伊德曾清晰地表明,压抑不会只出现一次,而是一个需要持续付出心理能量的、阻止被压抑的事物返回意识的过程。换句话说,我们会倾向于形成某些持续存在的策略,用这些策略来阻止被压抑的感受逃脱它们的监牢。学着识别蛛丝马迹,发现这些被用于压抑的心理能量,就是我们发现心理防御机制发挥作用的主要方法之一。我会在后面详细讨论这个主题,尤其是在第三部分。

曾从事或接受心理动力学治疗的人,大多能接纳压抑作为生活的一部分,但有许多其他领域的科学家和精神健康专家怀疑压抑是否存在。大多数自助书没有提到压抑或无意识。在那些作品里,心理成长似乎主要在于放下非适应性的行为和思维模式,掌握新的认知行为技术,并不断地进行自我肯定。

在我看来,如果你不理解压抑的运作方式,就无法获得真正的成长,因为你很难接触自己逃避的那部分痛苦。即使你能克服某些非适应性的行为或思维模式,你也可能发展出另一种非适应性的策略来将压抑继续下去。弗洛伊德一向坚称,无意识的内容是"坚不可摧的"。即使你没有意识到自己对父亲有多生气,你的愤怒也不会因此消失。愤怒会不可避免地以隐秘的方式表现出来,比如幽默而微妙的挖苦或讽刺。

无意识的敌意与被动攻击行为

我的来访者奥莉维娅看上去是一个特别友善的人。她的衣着无可挑剔，她待人细心周到，体贴入微。奥莉维娅前来治疗是因为她每时每刻都感到焦虑。她的婚姻看上去幸福美满，但我们相处的时间越长，我就越能明显地感到她与丈夫丹之间的情感疏离。不论丹对妻子有何怨言，他总会说到其中的一点，而且经常说到这一点：奥莉维娅总是"手滑"，总是摔坏东西。

最后，我们在治疗中发现，奥莉维娅心中有许多无意识的怒火，其中大部分是童年遗留下来的——她那极度独断专行的父亲是一名退役军官，他不允许愤怒存在，也不许家人表达愤怒，而她酗酒的母亲没能为她提供任何情感上的庇护。在婚姻里，奥莉维娅在无意识中对丈夫怀有很多愤怒（有时有原因，有时毫无缘由），但她的原生家庭从没帮她学会如何忍受那些感受，所以她压抑了对愤怒的觉知。随着时间的推移，我们逐渐理解到，"摔坏东西"只是愤怒的无意识表达。奥莉维娅觉得这种愤怒是不可接受的，所以她只能一点一点地学习如何忍受这种情绪。

许多压抑敌意的人会通过隐秘、间接的方式将敌意表达出来，而他们通常不会意识到这种表达。被动攻击行为（passive-aggressive behavior）就体现了这种动力模式——此处指的并不是这个词的临床、诊断含义，而是我们所有人都能理解的日常含义。在这种情况下，我们不会直接说出自己的愤怒，或采取攻击性的行为，相反，我们可能会在做某件重要的事情时拖延再三、抱怨不止，并且顽固地拒绝合作，或者仅仅是把这回事"忘"得一干二净。

尽管其他人（比如被动攻击者的伴侣）可能很难相信，但许多这样的人完全意识不到自己的愤怒。他们压抑了对自身敌意的觉知，但这种敌意另辟蹊径，找到了隐秘的表达方式。

压抑与阻抗

通过多年的临床实践，弗洛伊德在与阻抗打交道的过程中理解了压抑（见第 1 章）。早前，他相信一个人只要从创伤记忆中复原，就能获得治愈，但他发现病人并不想从那些记忆中复原，不论他多努力地想让那些记忆浮现出来，可病人始终在与他对抗。他认定有某种心理力量在阻止创伤记忆进入意识。来访者对于回想创伤事件的阻抗说明了其对痛苦的压抑。

接触来访者的阻抗，对我来说是一种日常经历。阻抗说明了压抑的作用。我有时会向来访者清晰地指出某些事情，指出某些他们不愿面对的痛苦、无法忍受的羞耻感。当我试着帮助他们正视这些情绪的时候，我会尽可能地保持共情与敏感，他们却经常坚称自己没有这些情绪，或者表面上同意我说的话，然后转换话题。有时他们会说我说错了（当然，有时我的确错了）。

在更严重的情况下，如果我太靠近那些被压抑的东西，来访者就会终止治疗。我和其中一位来访者之间就发生了一件相当典型的事情。这位女士的童年充斥着心理与性的虐待，很明显，她正忍受着刻骨铭心的痛苦。当她在治疗中讲话的时候，她在非言语的层面上向我传达了这种痛苦，但她自己意识不到这种感受。在我几次试图帮她注意到这种痛苦，提醒她有很多理由感到痛苦后，她不太情愿地表示同意。

在接下来的几周里,她开始有时间安排上的冲突,总是告诉我她无法参加下次治疗,因为她第二天有个会议要参加,她不想"分心"。又做了 3 次治疗以后,她决定终止治疗。当然,对于她的情况,也有其他可能的解释。当某人毫无缘由地终止治疗时,你无法确切地知道原因。但在我看来,这件事说明了压抑的持久性,也说明了当我试图挑战来访者的压抑时,他们往往会产生阻抗。

你现在也可能有些阻抗。你可能在怀疑压抑是否真的存在,或者它是否有我说的那么重要。也许你觉得我从前的来访者决定放弃接受我的治疗,是一个很明智的选择。你可能也想要"放弃",想要放下这本书,不再往下读。

不管怎样,请保持开放的心态,继续阅读下面的章节。

否认

与压抑一样,否认(denial)的概念也进入了主流文化。如果有人说到"否认",几乎所有人都明白这是什么意思。这个词经常出现在电视剧与好莱坞电影里,宠物店男孩(Pet Shop Boys)乐队以"否认"为题写了一首歌,我们甚至因为其英语发音与"尼罗河"(the Nile)相近,就拿它来开糟糕的双关语玩笑。这个词现在太常见了,以至于否认显得有些微不足道,甚至令人厌倦。但否认是人类心理的一种强大力量。

几乎所有的心理动力学治疗师都承认否认的存在,无论他们是否认为它在临床上是重要的。伊丽莎白·库伯勒-罗斯(Elisabeth

Kubler-Ross）提出了哀伤的 5 个阶段（Five Stages of Grief），提高了大众对于否认（哀伤的第一阶段）的认识，而"十二步骤康复计划"也促进了公众对于这个概念的认知：应对成瘾的基础就是承认自己是成瘾者，而不是仍然否认这一点。

大多数人可能都在生活中说过或听过"你在否认"这句话。这句话通常指的是对事实的否认："你这是在否认——很明显简会升职，轮不上你。"或者"他绝不会离开妻子——你这是在否认。"这个概念很简单。一旦某个无法接受的事实存在，它与我们的希望与信念相悖，我们就会否认它的真实性。

我们也会否认某种感受的存在，尤其是在我们接受的文化或教养信息告诉我们这种感受是不可接受的情况下。由于我们内化了那些信息，我们可能会隐藏那种感受，甚至连我们自己对此都毫无意识。"虽然你又忘了我的生日，但我没有生气"或者"不，我不嫉妒艾米丽，有什么可嫉妒的"，当我第一次试着帮助奥莉维娅意识到她无意识中的愤怒时，她认为是我搞错了，并且否认了好一阵子。

在弗洛伊德的经典理论里，正是冲突的存在激起了否认（以及其他防御）：事实与我们的意愿产生了冲突，或者某种感受与我们的价值观相悖，所以我们竭力否认。我有一个挚友，他在 20 岁左右的时候经常暗自心想，成为同性恋对他来说是"最不可能发生的事情"。他一直在否认自己的性取向，因为这与他在成长过程中所处的宗教信仰环境相悖，他在童年时接受了许多有关同性恋的负面社会信息。

虽然冲突能对心理防御起到很强的激发作用，但我相信痛苦起到了更重要的作用。在前面的例子里，认为自己可能是同性恋的想法让我的朋友感到痛苦，他的性认同与宗教价值观之间的冲突让他感到痛苦。对于奥莉维娅来说（对于我们每个人也是一样），生气是一种痛苦的体验。她从家族中继承的价值观把愤怒看作"坏"的情绪，而她自己的愤怒与这种价值观产生了冲突，因此她感到痛苦。

对觉知的否认

只要我们否认，不论是在否认感受还是否认事实，我们都在否认我们自己的觉知。换句话说，通过使用这种特定的心理防御机制，我们拒绝承认那些我们在某些层面上已经知道的事实，从而分裂了我们的觉知，并忽略了其中的一部分。这种说法可能会让否认听起来像是一种有意识的决定，然而事实恰恰相反，所有的心理防御机制都是在无意识层面，在我们的觉察之外起作用的——如果我们知道自己在做什么，防御就失效了！

这是另外一个著名的例子：在1986年上映的电影《心火》（*Heartburn*）里，有一天，蕾切尔·萨姆斯塔特（Rachel Samstat）在理发的时候听到了一个故事，故事里的女人丝毫没有意识到她丈夫有明显的出轨迹象。蕾切尔突然惊恐地发现：她已经逐渐意识到了自己的丈夫马克对自己不忠，但她一直坚信并对他人坚称自己的婚姻很幸福。当她听到理发师讲的故事时，防御突然瓦解了，她一直试图逃避的痛苦事实突然闯入了意识之中。

心理治疗与日常生活中的否认

心理治疗师用多种不同的方式处理否认。认知行为治疗师会避免与否认直接对抗,他们会教给来访者更有效的应对行为。接受过心理动力学治疗训练的人可能会直面否认,然后观察来访者会如何防御觉知的侵袭。比如说,我可能会告诉来访者:"与你一直所说的'接纳'与承认母亲的去世相反,我想你无法忍受自己仍然对她那么思念。"

就像我在本章前面的部分提到的,压抑或否认不是一次完成的,因为被压抑或被否认的情绪总"想"逃脱,压抑或否认是一种不稳定的状态,需要不断付出努力才能维持。有一种典型的努力方式,就是不断重复做相反的事情,就像上面的例子里提到的:来访者不断坚称她已经接纳了母亲的去世,但她其实并没有释怀。这种重复可能只会在我们的心里发生,就像我朋友那样,他不断地告诉自己他不是同性恋;我们也可能把这种重复对他人讲出来,就像《心火》里的蕾切尔·萨姆斯塔特一样,不断地诉说自己的婚姻有多幸福。四百多年以前,莎士比亚就准确地描述过这种动力模式,而我们时至今日仍在引用他的话:"我觉得那女人在表白心迹的时候,说话过火了一些。"(《哈姆雷特》第三幕,第二场)

就像其他防御一样,否认有其正常而有用的功能。比如,我们当中的许多人会否认我们其实都会死。如果要我实话实说,我知道我并不真心相信我会死——至少不是每时每刻都这样想。如果我没有否认这种防御行为,我可能很难过好自己的生活,追求自己的目标。如果我的身体最终会崩溃,而我迟早会死,那我今天去健身房还有什么意义？有时候，暂时运用否认能帮助我们应对难以忍受的丧失：我们可能会否认自己感到了巨大的哀伤，因为突然面对所有的痛苦可能会让我们无法承受。我们需要逐渐地、一点一点地接纳那种觉知。

重点关注

第二部分的每一章都会包含一个讨论部分，这个部分会阐述我们运用某种具体的心理防御机制来应对主要心理困扰的典型方式。这些主要心理困扰包括需要与依赖，强烈的情绪和自尊。在对每种防御进行概述之后，我会解释这种防御会如何在上述情形中出现——压抑对需要和依赖的觉知可能会如何影响一个人的人格，或者当人们在否认自己的愤怒时，他们会说什么或做什么。第二部分的每一章都会遵循这一思路展开。只要运用你在第一部分了解到的有关自身困扰的信息，你就能开始审视自己的行为、思维和感受，寻找每章中讨论的心理防御机制的迹象。

没有人会运用所有心理防御机制。在每章的"重点关注"部分里，我会把每种心理防御机制与个体外在的表现和内在的思维过程联系起来，这样可以帮助你判断自己是否依赖这种防御，特别是你对它的依赖可能会如何影响你的关系。我也会讨论你该如何在工作中的人际关系里识别心理防御机制。

我会提到第 2 章的练习以及 6 组陈述。这些陈述可以帮助你发现自己困扰的领域。如果你不完全确定哪些陈述最能描述你的情况，那么我建议你现在回顾一下那些句子。在我们讨论其他心理防御机制的时候，再回顾一下那些陈述可能会更好。

请记住：如果你觉得许多描述适用于你，不要认定自己有很深的困扰，或者在这些方面有着严重的问题。我们每个人都会依赖心理防御机制渡过生活中的难关，这种做法不是精神疾病——这很正常。只有当我们太过依赖心理防御机制的时候才会出现问题。只有在运用心理防御机制的同时，我们也会在其他重要的方面受到伤害的时候，我们才需要感到担忧。

需要与依赖

我们当中有许多人很难容忍自己的需要，以及我们作为人类，必须依赖他人才能满足那些需要的事实。这通常是因为我们依赖别人的早期经历给我们留下了创伤和非常不可靠的感觉。因此，我们可能会压抑对需要的觉察，变得非常独立自主。我们可能会否认我们感受到了某种需要与渴望。

许多家庭不鼓励表达需要，重视自力更生。其结果是，这些家庭里的成员学会了否认自己的需要，并且往往变得极度渴望成功。从另一个角度来说，压抑对需要的觉知可以帮助人们追求涉及强烈匮乏感的长期目标。然而，如果我们完全剥离了自己的需要，极端的压抑就会让我们虚弱不堪。否认我们对他人的需要与依赖可能会导致我们对他人的贬低，从而损害我们的关系。

如果第 2 章里的第 1 组陈述最令你有共鸣，你可能会依赖压抑来逃避自己对需要的觉察。如果朋友和家人非常依赖你来满足他们的情感和经济需要，而你从不在这些方面向他们求助，那么你可能在否认自己在这些方面的渴求。如果你总是与"他需要你的程度超过你需要他"这样的人建立关系,你就要小心了;如果你对需要"过多"的人感到不满或有意见,那就更是如此。

正如上文所说,被压抑或被否认的需要不会完全消失,只有我们对它们的觉知消失了,那些无意识的需要会不断地以隐秘的方式表达出来。没时间建立关系的工作狂可能会出现需要医治的身体症状。人们如果压抑了自己需要他人的觉知,往往会在食物、酒精或毒品中寻求满足。你经常能在成瘾型人格者身上看到一种动力模式,即对某种物质的偏好,这些人更喜欢能够购买、在理论上能够控制的东西,而不是不可靠的人际接触。

如果你有与食物或其他物质依赖相关的问题,那你可能正在压抑或否认另一种需要,而那种需要与他人有关。如果你对性几乎没有兴趣,那你肯定压抑了自己的欲望。同样地,如果你沉迷于色情,尤其是在你有伴侣或配偶的情况下,那么你可能在否认自己需要依赖另一个人来满足你的性需求——你想表明你可以自己解决。如果你很难向他人求助,这可能是因为你不能接受自身的渴求。有些人告诉自己他们不太需要朋友、亲密关系或性,他们都是在否认。

就我的经验来看,大多数家庭都不鼓励表达愤怒。愤怒有时是一种非常具有破坏性的情绪,尤其是在暴怒的时候,但当我们有充足的理由感到愤怒的时候,它也是有价值的,比如当我们遭到了朋友或同事的不公正对待,或者有人试图故意伤害我们时。愤怒可以促使我们离开具有破坏性的关系,在生活中做出我们需要的改变。无论是在家、在工作场合,还是在更广大的社会情境中,愤怒都可以帮我们与不公做斗争。

人们倾向于压抑的另一种情绪是深深的哀伤或对丧失的悲伤。我们的文化不鼓励长时间的哀伤，许多人把眼泪看作软弱的象征。如果你是那种在遭遇丧失后（比如分手或朋友的去世）很快就能向前看的人，那么你可能在压抑哀伤与悲伤。如果你是那种告诉别人"事已至此，哭也没用"的人，那么你可能倾向于否认自己的丧失感。

自尊

在情感的某些基本方面遭受创伤，以及对于我们自身产生某种基本的羞耻感，都可能太过痛苦，以至于我们会压抑或否认对它们的觉知。相反，我们可能会关注维持自己和自己的生活表面上的一切"正常"，甚至比别人更加优越的状态，以此来代替真正的自尊。如果你发现自己过度关注外在的印象，想要确保他人觉得你过得"不错"，或者各方面都井井有条、一切顺利（而且，如果你最认同第2章里的第5组陈述），那么你可能在压抑对羞耻感的觉知。

否认自身缺陷感的人经常刻意地营造优越感，炫耀那种优越感，并要求得到他人的赞赏。他们可能会轻视他人，认为别人都不如自己，因此他们很难与任何人维持亲密的联结。由于他们压抑了自己的羞耻感，所以任何可能让他们感到羞耻的事物都会让他们感受到威胁，他们也很难为自己犯下的错误负责，而会转而指责他人。频繁地指责他人会导致关系中的剧烈冲突，让受到指责的人想要远离亲密的接触。因此，指责者的朋友、同事或爱的人都会与他保持情感距离。

这里所说的每一种特征，自恋、轻蔑和指责，都是一种独立的心理防御，我会在第 11 章"对羞耻感的防御"里详细地讨论它们。

练 习

如果你对第 2 章里的第 2、4、6 组陈述有着最强烈的认同感，那么压抑和否认可能不是你最擅长的心理防御机制。因此，这项练习可能不像后面的一些练习那样吸引你。不管怎样，请尽力完成这项练习，因为这项练习会帮你熟悉后面章节的呈现形式。

（1）为了弄清压抑与否认是否在你的心里起到了过于重要的作用，请看看下面有多少描述适用于你。

- 我经历过一次重大的丧失（比如友谊或恋爱关系的断绝），但几乎没有任何感觉。
- 我遭受了严重的侮辱或侵犯，但没有情绪反应。
- 当我最终达成自己的目标时，没有获得我期待中的满足。
- 似乎大多数人对生活事件的反应都比我更加强烈。

特别害怕强烈情绪的人可能会否认某种特定的感受，但他们会倾向于压抑自己所有的情绪。如果你有时觉得自己不能尽情享受生活，在工作与关系中很少存在情绪的参与，那你可能有着强有力的压抑。

（2）如果你认同练习（1）中的陈述，请参加一些与你的日常生活完全不同的、你不熟悉的活动。你可以去一家新的俱乐部听音乐，而不是去你经常去的那一家。你可以玩玩轮滑。或者，你也可以开车去你不熟悉的城区，在你从没见过的街道上散散步。

（当然，要确保自己的安全。）和不认识的人说说话吧。

- 要打破自己的惯例时，你有没有感到一些内在的阻抗？
- 这样的经历会带来哪些感受？
- 你有没有发现自己在试图赶走或减少那些感受？你是怎样做的？
- 这样的经历有没有给你带来某些痛苦的感受？

极度依赖压抑与否认来避开强烈情绪的人经常小心地安排自己的生活，逃避可能引起强烈情绪的场景，特别容易陷入狭隘的日常惯例之中。通过挑战自己，面对新的体验，你可能会发现自己的阻抗。

（3）回顾你过去的关系，包括浪漫关系、工作关系与友谊，看看是否有这样一个模式，即他人对你的依赖程度比你对他们的依赖程度更深。如果是这样的话，那么你可能在否认自己的需要。

（4）如果你认同（3）中的陈述，就试着向朋友、同事或家人求助吧。可以是一件很小的事，但只要你开口，请一定说"我需要你的帮助"。你可能需要抵御自己的阻抗以及为了不去求助而找的各种借口。仔细观察自己在请求帮助时的反应，看看自己有何感受。你对这项练习感到越不舒服，越有可能压抑了自己的一般需要。

（5）在第 3 章的练习里，我曾要求你回想一件让你感到羞愧或耻辱的事情。你能想到这样的事情吗？如果你连一件事都想不起来，你很可能有着很强的压抑，因为每个人都会在某些时候感到羞耻。

（6）认真地审视自己的行为，以及他人对你的评价。

- 你是否发现，当朋友、同事或家人批评你的时候，你往往会变得很激动、很防备？
- 有没有人曾说你拒绝为自己的错误承担责任，喜欢在事情出错的时候指责他人？
- 朋友和家人有没有说过你"不能接受批评"？
- 你有时是否会觉得自己比他人优越，并且对他人心怀轻蔑，尤其看不起那些似乎有着情绪困扰的人？

如果你对上面任何问题的答案为"是"，那么你很可能有着深藏的羞耻感，但你压抑了自己对羞耻感的觉知。

提 示

这些简单的练习应该能帮你注意到压抑与否认在生活中的影响。每个人都在一定程度上依赖压抑与否认，但如果你的依赖过度了，你就会发现自己的情感生活受到了限制，难以建立任何深度的关系。在做这些练习的时候，你可能会"瞥见"自己防御的"另一面"有些什么。

我也为你介绍了一种应对策略，我会在本书中间部分的章节里运用这种策略：就像上面的练习（2）与练习（4）所说的那样，我会要求你离开自己的舒适区，从而暴露并挑战你的防御。第13章会详细地说明，当我们主动选择做某些事情，而不是去做那些在我们看来最自然和最容易的事情时，真正的心理成长才最有可能发生。心理防御机制是内置的心理习惯,要想成长,我们就必须做一些我们可能不愿意做的事情,挑战这些防御。

这个成长策略是本书最后一部分的主题,但在中间部分的章节里,我也会为你推荐一些方法,帮助你挑战你的心理现状。

第 5 章

置换与反向形成

> 别拿我撒气！
> ——我们大多数人都在某个时刻说过这句话

置换

你有没有对别人说过上面这句话，有没有人对你说过？这句话完美地描述了置换（displacement）的过程。你产生了一种情绪，比如上班时老板骂了你，所以你很生气。但是你觉得不能表达出你的愤怒，这是因为你担心自己会失去工作。于是你把这种感受转向了另一个人，尽管这个人可能没做什么让你生气的事。那个人会觉得受到了不公平的对待，然后告诉你不要把他当作替罪羊。

"别拿我撒气！"

你的这种情绪依然在意识之中,但没有指向那个引起情绪的人。这个例子说明置换这一心理防御机制不是特别强大,与否认不同,在否认的情况下,你完全不会觉察到这种情绪。在置换的情况下,真相可能隐藏得并不深。对于许多人来说,如果有人告诉他们不要把气"撒在"自己爱的人身上,他们最终会意识到自己的行为并赔礼道歉。你也许能从自己的经历里找到几件类似的事情。

置换的作用

我再举一类例子,多年以来,这类置换以许多方式在我不同的来访者身上重复发生。这类置换离意识更远,是一种更为强大的防御。它说明了防御的正面价值,以及我们为何需要它来有效地应对某些情境。让我们来看看这个故事。

有一位刚成为母亲的女士,半夜被婴儿饥饿的啼哭声吵醒,起床去给孩子喂奶。当她坐在摇椅上照顾自己的宝宝时,她感到自己和孩子之间产生了一种妙不可言的联结。她可能会为母爱的力量惊叹,感慨自己以前从未有过这样的体验。她可能会想,她过去从没有感受过像现在这样的幸福与满足。最后,孩子吃饱了,心满意足地回到了梦乡之中。她把孩子放回了摇篮里,回到了自己的卧室。

这位妈妈看见床上的丈夫熟睡正酣,对刚才的一切毫不知情,可能起初会为丈夫感到一丝遗憾,因为丈夫错过了那个美妙而亲密的时刻。如果她发现自己无法入睡,就可能会对丈夫产生一些怨恨。如果孩子再度醒来,她又得从床上爬起来,她对丈夫的感受可能还会发生变化。

他不用像我这样大半夜爬起来，实在是太幸运了。明天他可能觉得一身轻松，我却要一整天都疲惫不堪。母乳喂养的重担完全由母亲来承担，这一点儿都不公平！我想把他叫起来，这样他就知道这是什么感觉了。

此时此刻，她的心里充满了愤怒和怨恨，想再度入睡就很难了。

虽然这位母亲的所有想法都有一定程度的合理性，但这不能解释她愤怒的程度。有些新手妈妈有时会让丈夫在半夜用奶瓶去喂孩子，但这不一定能减轻那种愤怒。即使在照顾孩子方面分工更公平的夫妻心里，也可能暗暗滋生怨愤，夫妻双方都可能觉得自己承担的那部分职责更繁重。除了听来访者讲了许多这样的故事以外，我也和一些朋友聊过他们做父母的经历。我自己也有 3 个孩子。在我看来，偶尔的愤怒与怨恨似乎是育儿过程的一部分。

所以在这些故事里都发生了什么？母亲（有时是用奶瓶喂奶的父亲）对照顾孩子导致的起床和失眠心怀怨恨。他们没有意识到这种怨恨，而且即使有人指出来，他们也会否认这种怨恨，但在育儿中伴随着匮乏感，牺牲睡眠与其他个人需要来满足孩子的需要是很难的，这些都让他们感到生气。这种愤怒既不理性也不公平，但他们的确对自己的孩子心怀怨恨。我们接受的文化信息和看过的育儿书籍都没有帮我们为这种愤怒做好准备。恰恰相反，所有对于育儿的细腻描写都表明我们只会对婴儿心怀爱意，而恨自己孩子的人肯定都是非常糟糕的人，比如虐童者。

就我的经验来看，当你有了孩子之后，你不可避免地会有一定程度的愤怒与怨恨。生儿育女是一份沉重的责任，也是个人自由的巨大牺牲，即使父母渴望能有一个孩子，但长期睡眠不足也会让他们付出代价。孩子是真正造成父母失眠的人，但新手妈妈没有怨恨无助而有着苛刻要求的婴儿，她们怨恨的往往是自己的丈夫。这是一个很好的置换的例子。如果一个人唤起了我们的情绪，而将这种情绪指向此人是不可接受或太过危险的，我们就会将这种情绪置换到另一个人身上。

父亲远比婴儿更有能力应对来自母亲的愤怒，即便他觉得这种愤怒是不公平的。在我看来，这是父亲更加重要且常被忽视的作用，即当妻子无法也不能对孩子发火的时候容纳她的愤怒。这种强烈的情绪可能会压垮并伤害婴儿，而置换的心理防御机制能让妻子转移愤怒的矛头，将其指向另一个更有能力应对的人（希望如此）。

置换对关系造成的伤害

这里有一个置换的反面例子，这个例子说明置换若使用不当，就有可能伤害人际关系。父亲会因为孩子的降生而遭受"冷落"，他可能会妒忌妻子给予孩子的关注。而他们正常的性生活也可能在一段时间内受到影响，在孩子出生后，他们可能就没有性生活了。虽然父亲在一定程度上为自己成为父亲而高兴，但他可能也会在无意识中为随之而来的匮乏而感到愤怒和怨恨——为妻子"抛弃"自己而感到生气，为婴儿夺走他的地位、独占妻子的关注而感到怨恨。

在工作中，他可能会变得越来越暴躁易怒，而同事会觉得他一反常态、难以合作。睡眠不足（即使他没有半夜起来照顾孩子）只会让问题变得更糟。一旦事情出错，比如错过了截止日期或项目进展不如预期，他就可能对同事大发雷霆、出言不逊。由于无法表达自己对妻儿的愤怒，他将这种情绪置换到了同事身上。虽然同事可能不会发现他"脾气"的本质，但他们觉得这个男人好像在拿他们"撒气"。时间一长，这种行为就可能严重损害他的同事关系，造成持久的伤害。

反向形成

这种心理防御机制是指将一种不可接受的感受或冲动变成与之相反的感受或冲动。媒体经常报道，有些持极端反同性恋立场的共和党政客与宗教保守人士被发现有过非法的同性恋行为，人们往往把这种现象当作反向形成（reaction formation）的例子（这是错误的看法，我会在后面解释）。这些著名例子的"主人公"包括乔治·莱克斯（George Rekers，他在欧洲旅行时在网站上雇了一个年轻男子帮他"拿行李"），科罗拉多州斯普林斯市的牧师泰德·哈格德（Ted Haggard，他与自己的"男按摩师"保持了3年的性关系），以及爱达荷州前议员拉里·克雷格（Larry Craig，他在明尼阿波利斯市机场的男洗手间里对一个便衣警察发出性暗示）。

在2011年的一集《德鲁医生》（Dr. Drew）中，一位临床心理学家在讨论这些丑闻的时候错误地将它们描述为教科书般的反向形成案例，因为这些人在公开场合发表了一些恶毒的言论，表达了对自己另一面的憎恶。但是，反向形成就像所有的心理防御机制一样，是一种无意识的过程。如果一个男人有意识地渴望与另一个男人建立性关系，却为传统婚姻的神圣不可侵犯摇旗呐喊，更准确地说，他的行为应该被称为虚伪。

从另一角度来说，如果另一个男人（比如一个牧师或政客）反对同性恋，迫害同性恋者，或者如果一个年轻男子殴打其他从同性恋酒吧出来的男人，而他们不能清晰地意识到同性对自己的性吸引力，那才是反向形成的真正案例。

戒烟的人

举一个我们更熟悉的例子，许多成功戒烟的人都无法容忍吸烟，对烟有着强烈的厌恶。在他们戒烟以前，烟草燃烧时香烟的口感与气味曾让他们感到愉悦。在他们刚开始尝试戒烟的时候，身边有人抽烟对他们来说不亚于一种酷刑，这在一定程度上是因为烟味太香了。过了几个月，在彻底戒烟以后，他们可能会对同样的烟味产生极强的厌恶感——这就是一种反向形成。

在这个例子里，我们再次看到心理防御机制可能是有益的。尽管在一定程度上，这些人可能渴望抽烟，但他们意识里的厌恶感让他们不至于重蹈覆辙，染上具有破坏性的旧习惯。如果你见过这样的戒烟者，你可能会觉得有些厌烦，不明白他们为什么要大惊小怪，甚至因为别人做了他们以前经常做的事而排斥别人。这种强烈的厌恶清晰地表明了心理防御机制的作用。

反向形成成为性格的一部分

很久以前,奥托·费尼切尔(Otto Fenichel)就发现反向形成这种心理防御机制经常与一个人的人格类型或人格风格整合在一起,形成一种连续的、持续的防御,并与自身情感生活的很大一部分对抗(与否认不同,否认通常只针对某种具体的事实或感受)。㊀我们的文化中有一种常见的刻板印象:一个故作正经的人用拘谨的举止逃避内心强烈且具有威胁的性冲动。

作为一个心理治疗师,我发现当涉及愤怒与侵犯的问题时,反向形成往往会变成性格的一个方面。比如说,一个名叫妮可的年轻女士曾因为严重的抑郁、无法控制的冲动性服药以及自伤行为来接受治疗。她经常用刀片划伤自己的胳膊和腿。妮可经常对我说,她很想做一个"好人",她觉得自己特别善良。她在一家动物收容所工作,经常提到自己对动物的爱。

在治疗初期,妮可告诉了我一件她小学时的往事。有些学生在操场上发现了一只受伤的鸟,他们用棍子戳这只鸟,还用其他各种方式折磨它。妮可试图救下这只鸟,她苦苦哀求其他孩子住手。多年以后,在治疗中,她在回忆这件事时依然泣不成声。她不明白为什么人类可以那样残酷无情。她含着泪水告诉我,那些孩子在用棍子戳那只鸟的时候,还在放声大笑。

后来,我们逐渐发现,妮可的内心在与强烈的暴怒、残忍的冲动做斗争,而这些感受针对的是她自己的身体,而不指向他人。因

㊀ Otto Fenichel. *The Psychoanalytic Theory of Neuroses* (New York: Norton, 1945), p. 151.

为她觉得自己性格中残忍的一面既可怕又令人难以忍受，所以她发展出了一种反向形成——一个"好人"的自我意象，体现了一些完全相反的感受，她热爱动物，投身于动物福利工作，谴责他人的残忍行为。

多年以来，我听过许多来访者说"不论我有什么问题，至少我是个好人"或者"我真的很想做个好人"。在现实中，他们可能会投身于慈善工作、教会事务、公共服务以及其他各种义工。在他们所处的环境里，人们可能会把他们当作乐善好施的人，甚至圣人。许多人觉得这样的慈善工作很有意义，但如果他们依赖这种工作，把它当作自身良善的证明，如果他们过度强调某种表现，过度看重被人视为"好人"，这通常说明他们正在无意识中与另一些完全不同的感受做斗争，尤其是愤怒与憎恨。

反向形成与置换的结合

这些"好人"往往会找到更为社会所接受的方式来表达自己的侵犯性，将其置换到陌生人身上或社会活动中，而不会将侵犯性直接指向自己所爱的人。比如，有些动物权益保护者或环境保护主义者会以他们组织的名义做出很严重的家庭暴力行为，有些"软心肠"的自由主义者偏激地憎恨与诽谤保守主义者。在这里，我并不是要诋毁或轻视这些人倡导的价值观；相反，这说明一个人的"良善"与对慈善事业的投入可以如何形成一种性格上的防御，推动理想事业的发展。

如果来访者的问题主要在于抑郁，就尤其可能存在反向形成与置换结合的情况。虽然有许多不同种类的抑郁，但有一种严重的抑郁是由深层的无意识愤怒引起的，这种侵犯性的感受对抑郁者来说，既是可怕的，也是不可接受的。例如有一个热衷于去教堂的人，他努力效仿基督的慈爱，但同时终生都在与"向内的愤怒"所致的抑郁做斗争。因为这样的人无法面对自己的侵犯性，所以他们发展出了一种反向形成——"好人"的身份认同。他们避免了对愤怒与憎恨的觉知，但因此患上了抑郁症。

反向形成与羞耻感

如果一个人有着严重的羞耻感，你有时会看到相关的反向形成，这种防御通常以无羞耻的形式表现出来。由于"无耻"已经成了政客间相互攻击时最爱用的词（例如"鉴于这些事实，候选人证明了自己是个无耻的骗子"），所以我们需要澄清：从心理动力学的角度上讲，无羞耻并不是指在别人认为你应该觉得羞耻的时候恬不知耻或漠不关心。无羞耻是指炫耀某种特定的行为，对某种社会规范或价值观公开地表达反抗。此人完全不是漠不关心，也不是真的以此为荣。相反，无羞耻的行为体现了他对于无法忍受的羞耻感的反向形成。

我的来访者伊丽莎在一家男性俱乐部做钢管舞者，同时也会在私人聚会上表演，她不是一个性工作者，也不会用性来换取金钱。当伊丽莎预期有人会评判她的工作时（不论这种预期正确与否），她往往会设法用一种咄咄逼人的方式告诉对方自己是做什么工作的，就像把事实"扔到对方脸上"一样。她在无意识中体验到了许多羞耻感，这种羞耻感更多的是关于自己的，而不是关于她的工作，她觉得自己的心理在某些方面是有缺陷的，她害怕别人真正地看见继而评判她的缺陷。她对这种评判表现出咄咄逼人、漠不关心的姿态，这种姿态体现了她对深层羞耻感的反向形成。

我将在第 11 章"对羞耻感的防御"中讨论，许多自恋的自我展示行为可以被理解为反向形成。如果无意识的羞耻感主导了一个人的感受，他就会害怕被人真正地看见。他害怕自己在别人眼中是有缺陷的，甚至是畸形的，因此他努力保持美好的外表，从而引起他人的赞赏。

自恋者向我们展示出一种理想化的、虚假的自我形象，不断地索要众人赞赏的目光，以此来阻止我们看到他那个受损的、深受羞耻感困扰的内在自我。这是一个反向形成的例子：无意识中对被看见的恐惧，变成了意识里对关注的渴求。

重点关注

在这里，我想再次强调：每章的"重点关注"部分会解释该章讲述的心理防御机制在我们的主要心理困扰中发挥了什么作用。第二部分的每一章都会在练习前安排这个讨论部分，这些讨论具体会涉及需要与依赖、情绪，以及自尊。

需要与依赖

正如上一章所说，人们有时会向物质求助（食物、酒精、非法药物），而不会向人求助，因为物比人更可预测。如果你认识的某个人有着物质依赖问题，同时很难维持亲密关系，或者，如果你觉得自己在某方面"成瘾"，那么这些现象背后可能是无法忍受的、对人际关系的渴求。这种渴求远离了真实的客体（人），被置换到了物质上。对第 2 章中第 1 组和第 2 组陈述最有共鸣的读者可能会以不同的方式依赖这种防御。

我之前会把这个过程描述为对需要的否认和压抑。在这里，我们再次看到，一种特定的心理动力从这个视角可以被看作一种心理防御机制，从那个视角又可以被看作另一种心理防御机制。然而这些名称的标签不如我们试图逃避的内在痛苦重要。许多人不能忍受自己需要别人，或者不能容忍自己在别人不能立即给他们想要的东西时的沮丧感。

这些问题经常成为心理治疗的重点。如果上述的讨论引起了你的共鸣，你可能应该回想一下自己的童年，想想童年如何塑造了现在的自己，以及你使用的防御。拒绝你、情感上与你疏远的父母可能非常不可靠，他们让你觉得过多依赖他人是不安全的。

厌恶有时也体现了反向形成的作用，尤其是当我们用强烈或夸张的方式来表达厌恶的时候。从演化的角度来讲，我们发展出厌恶的情绪，是为了保护我们的种群远离可能污染我们的生活环境或伤害我们的物质，比如我们对粪便的反应。心理防御可能会利用这种内在的机制，逃避那些欲望与吸引，因为我们担心一旦我们接受它们，它们就可能"污染"我们的生活或伤害我们。

正如前文所说，对同性恋的恐惧是一个典型的例子。实际上，不论在什么情况下，强烈的厌恶都可能是一种防御的信号。害怕性欲的人可能会禁欲，对性持有负面态度，对现代的性行为表示厌恶，甚至讨厌自己的性器官，以此来逃避自身的冲动。认为滥交会带来各种情感和身体健康的风险是一回事，对不擅长或不愿意控制自身冲动的人感到轻蔑和嫌恶是另外一回事。如果你有这种感觉，那么它很可能已经阻碍了你的婚姻和恋爱关系的发展。最认同第 2 章中的第 1 组陈述的读者应该注意这一点。

如果一个人对软弱和过度需要他人的人表示轻蔑，那他可能在逃避自身想要得到照顾的愿望。如果一个职业女性觉得自己比全职主妇优越，并且看不起她们，那她可能在无意识中渴望在自己的婚姻中也能有这样的经历。你可能会注意到，在所有这些反向形成的案例中，当事人都会出现一种特别强烈的反应，这种反应看上去不同寻常，而且可能让他人感到惊讶或受到冒犯。

情绪

我们当中有些人很难表达对亲近之人的愤怒，这些人往往会把愤怒置换到另一些人或事上，正如本章前面所述。在这种情况下，不论在自己还是在他人身上，你都会注意到一种强烈的情绪，这种情绪的强度似乎与当前的情境并不匹配。有些人可能会对你说"我不明白你为什么要这么生气"，你也可能觉得一位朋友的反应似乎有点"过头"。有时，愤怒其实是合理的，但当时的情况只是"压倒骆驼的最后一根稻草"。只要反应的强度看上去不太合理，就可能反映了一种从真正的愤怒客体（伴侣、朋友或家人）身上置换而来的愤怒。

与本章前面所说的"好人"的例子一致，极端或过度的"友善"往往反映了一种对敌意的反向形成（不要与精心设计的虚伪或刻意的伪善混为一谈）。有时我们会用"腻烦"或"腻味"来形容那种行为。"用善意杀死某人"（kill someone with kindness）也指某种情绪表现其实是在掩饰相反的感受。与这样表达情绪的人在一起，你可能会觉得他其实在用某种难以言喻的方式对你表达敌意。有时这种行为是有意的，但这种人往往不知道他自己的真实感受。认同第2章中第3组陈述的读者可能就存在这种情况。

当你对别人说的话或别人对你说的话产生与表面上发生的事不符的反应时，请留意这种情况。同事是否经常对你的行为产生一些让你意外的反应？你是否经常说："可我不是那个意思！"对方可能对你在无意识中表达的感受做出了回应，而那种感受与你在意识中的意图恰恰相反。

自尊

深受羞耻感困扰的人经常把羞耻感置换到自己的外表或财产上。对内在缺陷的痛苦感受可能会表现为过度关注自身丑陋的外貌、寒酸的衣着、"低端"的车，以及令人难堪的公寓等方面。也就是说，内在的（个人本身的）羞耻感被置换到了外在条件（外貌或财产）上。如果你最认同第2章中的第5组陈述，那么你可能就属于这种情况。我会在第11章以及讨论针对羞耻感的自恋性防御时再详细论述这种动力模式。

你也许认识这样一个人，他总是需要从别人那里得到保证，确保自己的外貌是好看的，或者总是开一些自嘲的玩笑，渴望别人来反驳他。这样的行为会为友谊增添压力，因为不断提供这样的保证是很累人的。你的着装也许会使你感到"不安全"，你渴望得到他人的赞美。尽管我们能从多种角度来理解和界定这些感受和行为，但不论我们如何称呼这种防御,其中的羞耻感都是我们无法忍受的。这种羞耻感表现为过度关注个人外貌和亲友的赞美。

就像我的来访者伊丽莎一样,对羞耻感产生反向形成的人可能看上去有些叛逆,毫无羞耻感。如果一个朋友总是说他对某件事情丝毫不感到内疚,你可能会想,如果你不觉得内疚,那你为什么总是提起这件事呢?我们能从莎士比亚的作品中找到这种动力模式,这句话已经成了我们日常熟知的俗语:"我觉得那女人在表白心迹的时候,说话过火了一些。"对羞耻感的反向形成会表现为对习俗的叛逆,这种叛逆会让人觉得有些过度。

现在,你应该已经发现,不寻常或不合理的情绪强度是心理防御机制起作用的信号。请留心无论是自己身上还是别人身上的这种信号。与此同时,我不想对人类行为一概而论,也不想把激情的元素排除在我们所说的"正常"范围之外。有时,当我们最崇高的理念遭受背叛时,憎恨与愤怒会随之而来。当我们的价值标准受到忽视时,我们也会感到轻蔑,尤其是不假思索或漠不关心的轻蔑。如果某种社会偏见特别狭隘,我们公开地表达鄙夷或反对也是合理的。

你可以用这种方式来判断两类情绪的差别:如果你发现自己经常在心里为自己辩解,在头脑里与他人争论,试图证明他们错了,而你是对的,那么这说明你可能在为心理防御辩解。你可能在为置换、反向形成,或其他心理防御机制辩解。我会在第三部分"放下你的心理防御"中详细讨论自我辩解的问题。

练 习

(1)你是否曾经将怒气发泄在某个无辜的人身上?

- 谁或什么才是让你生气的真正原因？不要满足于"我只是心情不好"这样的解释。坏心情不是毫无意义的随机事件，这些情绪通常都有很合理的解释。
- 你为什么没有直接表达这种愤怒，你能发现其中的原因吗？将怒气发泄在别人身上的原因可能是恰好有人就在身旁——无辜的人只是在错误的时间出现在了错误的地点；也可能是你觉得对愤怒的真实客体表达愤怒是不合适或不安全的。
- 现在请想象自己在对真正的客体表达愤怒。尽可能充分地想象，想象场景和你们互动的细节。这样能帮你把话说出来，就像对方正与你共处一室一样。
- 表达愤怒是否令你感到不舒服或焦虑？这能说明你容忍愤怒与憎恨体验的能力。

（2）回顾你对敌意的态度。

- 你是否觉得愤怒只是一种破坏性的情绪，你是否认为它有时是有价值的？
- 你觉得是否存在合理与不合理的表达愤怒的方式？你如何区分这两种方式？

（3）你是否过度依赖食物、酒精或某些药物，或者你是否有很强的囤积物品的欲望？如果是这样的话：

- 当你在某些时刻感到这种渴望时，请不要立即满足自己，坐下来打开日记本，将想要或渴望这种东西的感受写下来。

- 尽量写得详尽一些，越具体越好。在你写的时候，你有没有注意到其他情绪或冲动的出现？也尽可能详细地描写那些感受。在你满足自己的冲动之前，请尽量等久一点。

（4）你有没有任何与大多数人不同的强烈的厌恶或嫌恶反应？反向形成是一种不太常见的心理防御机制，所以如果你的答案是"没有"，不必感到惊讶。但如果你的答案是"有"：

- 详细描述引起你厌恶、嫌恶反应的具体事物，以"我厌恶××，是因为……"或"我觉得××恶心，是因为……"为开头。请在继续往下阅读之前完成这部分练习。
- 现在，重写这些句子，分别用"喜欢"和"吸引我"代替"厌恶"和"恶心"。你可能会觉得这项练习很荒谬，用"喜欢"代替"厌恶"的想法可能会让你觉得很可笑。
- 请密切关注这种反应，注意你对这种"喜欢"的想法有多排斥，尤其是轻蔑与嘲笑。这可能说明你感到了增强自身防御的强烈需要。

（5）你是否曾对某种广为接受的准则或行为感到蔑视和鄙夷？这种准则或行为可能是某个组织的规定，也可能是你家人的希望。你有没有在心里想过"我拒绝让他们用这种事来让我感到内疚"？

- 这可能只说明你是个有独立精神的人，拒绝盲从那些可能是错误的或不公平的社会准则。
- 从另一个角度来说，如果你觉得需要大肆渲染自己对评判的"漠不关心",如果你花费了大量心力来为自己的叛逆辩解,与头脑中想象的批评争论,试图证明它们是错误的,那么这可能说明你心中有着很深的痛苦以及无意识的内疚(或羞耻感)。你可能在用这种无羞耻、冷漠、叛逆的反向形成来逃避这种感受。

- 请暂时将自己的怀疑放在一边,让脑中坚持自己观点的声音安静下来,暂且容许自己比嘴上说的更关心别人的评判。你不必向任何人承认这一点。请努力看到你脑中的观点的另一面。这样做给你带来了什么感受?

提 示

你对练习(1)(2)中问题的回答能让你更加聚焦地审视自己对于愤怒的态度。就像大多数人一样,你可能对体验和表达敌意感到不舒服。本书的观点是,愤怒是人际关系中的正常组成部分(见第3章)。如果你对这种看法感到特别不安,那么你可能在依赖某种心理防御机制来保护自己。请注意你在别人表达愤怒时的感受。

练习(5)引出了一种方法,我会在书中各处提到这种方法,并在第13章中详细论述:发现自己依赖于某些内心争论或重复思维,以此来坚持某种观点,为心理防御机制辩解。在接下来的一周里,请关注自己的想法,看看自己能否发现这种心理过程。几乎每个人都会偶尔在心里为自己的防御辩解。

第 6 章
分　　裂

> 爱一个人越深，
> 就越为他痴狂。
> 爱一个人越深，
> 就越恨不得让他去死！
>
> ——出自百老汇音乐剧《Q 大道》(*Avenue Q*)

在本书讨论的所有心理防御机制中，分裂（splitting）可能是最难以理解的。与否认和压抑不同，分裂的概念并未完全进入主流文化，所以我无法引用我们的日常用语、书籍或电影作为参考，不能使我们更轻松地理解这个概念。比起其他防御，我们也更难发现自己身上的分裂。

为了让分裂更容易理解，本章的讲述方式会与其他章节有些不同。我会首先讨论我们最常使用分裂来应对的情绪问题——矛盾的情绪与强烈的憎恨，然后说明分裂这种防御如何简化前者，并消除我们对后者的觉知。

由于我们更容易发现外部的、更广泛的社会情境中的分裂，所以本章会先谈及更多政治与公共领域的案例，再逐渐将我们了解到的知识应用于个体心理。

两种矛盾情绪

本章开篇《Q大道》中这段趣味横生又发人深省的歌词是由一个年轻的日裔美国女士所唱的（因此歌词里的英语语法会有些奇怪），这段歌词唱出了人们对爱情的古老困扰——强烈的爱有时会被暴怒所替代。尽管在我们的重要情感关系中，强烈的情感联结是最明显的特征，但对立的感受（爱与恨）也是近乎所有重要关系中的一部分。对这种矛盾情绪的应对是人类困境的组成部分——如何避免在情绪爆发的时候伤害我们关心的人，因为在那种时候，我们会有片刻想要杀死他们。

我们更常使用矛盾这个词的另一个含义——无法下定决心，或不确定我们最想做什么。这说明我们被不止一个方向上的渴望吸引着。如果你体验到了这种矛盾情绪，也就是说，你很难下定决心、做出选择，或者在多种不同的顾虑下不知道该怎么做，你就会知道这有多痛苦、多艰难。

当我们因为矛盾而感到不舒服时，我们通常想要尽快消除"该做什么"的不确定性。多年以来，许多来访者告诉我，他们总是在苦苦思索一些矛盾的情境，在拿定主意之前往往十分"纠结"。也许你有过相似的体验。有时我们随便做出一个选择，只是为了消除那种不确定性，因为我们实在无法忍受了。

神经学家罗伯特·伯顿（Robert Burton）发现，矛盾或困惑的情绪对于我们许多人来说都是很难忍受的，以至于我们会逃避到某种确定的感受里，深信自己知道某些事情，但其实我们不知道，也通常无法知道这些事。⊖严格死板的道德、僵化的信念系统，以及教条、狭隘的思维，都能使我们免受不确定性的痛苦。

F. 斯科特·菲茨杰拉德（F. Scott Fitzgerald）曾经说过："检验一流智力的标准就是在头脑中同时持有两种相反观念，但仍能保持行动的能力。"⊜不论这是不是智力问题（不是心理成熟度或情绪能力问题），我们中的大多数人都很难做到菲茨杰拉德所说的那样。相反，我们倾向于排斥两种相反观念中的一种，然后逃避到另外一种想法中。在政治领域，这种现象尤其常见。对于如何应对棘手的社会问题，许多人持有绝对的、简化的、不可改变的信念。

在面对复杂性的时候，不确定该怎么做，或看见并与对立观点产生共鸣，是一种非常不舒服的体验。那些难以忍受这种不舒服的人往往会采用非黑即白的思维方式，这样一来就不会感到不确定或矛盾，不会在灰色的领域挣扎，而是把复杂的事情简化为"非此即彼"的状态。

我们可能会把一种理念或观点看作坏的（黑）并排斥它，而让自己站在好的（白）立场上。在这个过程中，我们往往会感到愤怒

⊖ Robert Burton. *On Being Certain*: *Believing You Are Right Even When You're Not* (New York: St. Martin's Press, 2008).

⊜ F. Scott Fitzgerald, *The Crackup*. (New York: New Directions Publishing, 1945).

与自以为是，对自己的正确和对方的错误深信不疑。模棱两可与妥协是不可能的，因为它们会让我们重新陷入矛盾的痛苦境地里。

非黑即白的思维方式反映了一种叫作"分裂"的防御机制。当我们觉得无法忍受由复杂性引起的压力与困惑时，我们就会将复杂的问题分裂为两个简化而对立的部分，并且我们通常会站在其中一个部分的立场上，排斥另外一部分，以此来"消除"复杂性。这样一来，我们会坚信自己对某件事了如指掌，并从这种心态里得到安慰。与此同时，我们过度简化了一个复杂的问题，剥夺了它的丰富性与生命力。

如果你发现自己在与某人争论，而对方坚信自己掌握了绝对的真理，你就会理解这是一种多么令人沮丧、毫无希望的体验。

憎恨的问题

同样地，我们也会用分裂来应对情感生活。矛盾的第二个含义是，同时存在相互对立的态度与感受，例如爱与恨。这为我们带来了远比容忍两种对立观点更加艰巨的挑战。你是否曾经与自己爱的人（伴侣、朋友或家人）吵架，吵到心碎的地步，并且在争吵最激烈的时候，你觉得自己再也不想和对方讲话？在某次激烈的冲突过后，你是否曾经十分肯定你们的关系已经结束了，却在第二天又改变了想法？

我们很难忍受自己对某个我们爱的人心怀短暂的恨意，尤其是在我们的文化中，憎恨在很大程度上是一种不被接纳的情绪。在涉及多种社会问题时，童书、阖家观看的电视剧、政治正确的学校教材等大众文化作品往往会删去对人性中憎恨的描述，或贬低对憎恨的表达。我们从中学到，憎恨是一种我们不该有的情绪，尽管我们在许多人身上，如宗教狂热者、政客、种族主义者、战争狂热分子等，都能经常看到憎恨的表现。

尽管我们中的大多数人都在某些时候说过"我气疯了，我简直想杀了他"，但憎恨在我们亲密的人际关系中是尤其不被接受的。你可能想要表示反对，说这"只是一种说话的方式"，不是真有那个意思。当然，我们没有谋杀他人的意图，但为什么杀人的想法会出现呢？我们为什么不用另一种方式来表达这种情绪？即便是在无意识的层面上，大多数人都在某些时刻体验过那种想要杀人的怒火。

我们很少有人愿意承认对父母、孩子、配偶或挚友的憎恨，不过承认对兄弟姐妹的憎恨似乎容易得多。尤其是在童年时期，在我们还没有完全"受到社会文化的熏陶"时，家庭里的孩子间经常爆发肢体暴力冲突。即使在成年以后，兄弟姐妹之间也常常关系不睦，经常在节日聚会上发火或者多年来心怀不满。如果你自己没有这种感受，那你肯定认识一些有这种感受的人。这种憎恨非常强烈，让人难以忍受，以至于兄弟姐妹可能会完全断绝来往。

如果我们有充足的理由，我们也会觉得自己的憎恨是可以接受的，例如当有人深深地伤害了我们的时候。尤其是在对方心怀恶意、冷漠无情的情况下，我们会认为憎恨是合理的。当其他司机"偷占"我们等待已久的停车位时，你是否曾感到怒火中烧？当有人插队到你前面的时候，你是否曾想揍他一拳？当伴侣或配偶在朋友面前贬损你的时候，你是否曾想掐死他？

在亲密的人际关系中，憎恨是非常令人痛苦的，具有很强的破坏性。当我们被憎恨淹没时，我们可能会攻击他人，让人感到痛苦，并伤害我们所关心的人。你可能曾经有过在争执中爆发怒火的经历，你可能说过一些后来使自己感到后悔的话。在情绪最激烈的时刻，你可能觉得自己恨透了对方，想要结束你们之间的关系，甚至可能使用残酷、辱骂的言语。

多年以来，许多来访者曾对我讲过他们在关系中的冲突。我发现，当人们被愤怒淹没的时候，对伴侣说出"你真令我厌恶"，甚至"别烦我"这样的话都不少见。

憎恨的普遍性

在我的实践工作中，如果我用"憎恨"这个词来形容来访者的感受，他们有时候会纠正我："也许我的确生气了，但憎恨这个字眼太强烈了。我觉得那不是恨。"他们觉得憎恨是一种坏的感受，说明这个人有问题。自助书籍与灵性修行经常教你如何超越或克服一些情绪，憎恨就是其中之一，似乎我们能让自己永远摆脱这种情绪。

如果你观看真人秀，就会发现人性中的这一面得到了生动而毫无羞耻的表达：渴求关注的特邀嘉宾为了营造节目效果，会对他们本来应该爱的人说出很恶毒的话。憎恨是生活中的事实，而应对憎恨，学着克制憎恨的表达，尤其是在我们的重要关系中克制憎恨，是成为文明人的过程。

就像分裂能通过非黑即白的思维方式来"消除"对立观点的模糊性，它还能帮助我们应对关系中的矛盾情绪问题。在情感的领域里，分裂意味着把爱与恨的冲动分隔开，并让它们保持完全分离的状态。这通常意味着把憎恨转移到另一个人身上，而不对我们真正憎恨的对象心怀恨意。

在前面有关置换的章节里，我举过一个例子：一位刚成为母亲的女士怨恨自己的丈夫而不是自己的孩子。这样的置换就依赖于这种情感的分裂。母亲把自己对于这个要求过高的孩子的矛盾情感分裂开了：她享受着自己对孩子的爱意与孩子带给她的满足感，但把她对孩子的敌意置换到了丈夫身上。

亚利克西丝的故事

我有一个来访者叫亚利克西丝，她在两种矛盾情绪方面都有困扰。刚开始做心理治疗的时候，她与两个不同的男人，史蒂夫和布莱恩，交往了好几个月。她一般不会同时与他们交往，而是与他们轮流交往。起初她决定和史蒂夫在一起，然后她改变主意了，甩掉史蒂夫，和布莱恩在一起了。她始终无法下定决心。

每次与史蒂夫或布莱恩交往之初，亚利克西丝都觉得自己"爱上了对方"，自己很幸福（但脑中仍萦绕着一些疑虑，担心自己没有做出正确的选择）。在关系中，令她生气或沮丧的冲突是不可避免的，每当这种冲突发生的时候，她都会很快地下定结论——自己做了错误的选择，于是她会甩掉现在的男朋友，与之前她拒绝的前任恢复联系。

亚利克西丝无法应对恋爱关系中的现实。我们的伴侣不可避免地会做一些让我们恼火或沮丧的事情。每当她感到生气或沮丧时，她都把这当作自己做了错误选择的证明。她对爱情的看法是理想化的，认为爱应该是一种完美的状态，不会被其他复杂情绪污染。她把那些复杂的情绪从恋爱中分裂出来了，一旦她感受到这些情绪，就会排斥它们。

但在恋爱关系中，我们需要容忍愤怒，有时甚至还要容忍憎恨，而不要做出破坏性的行为，在情绪爆发的时候伤害我们爱的人，这种能力让我们得以与另一个人长期维持亲密关系。这个道理也适用于我们的友谊与家庭关系。

我会在第三部分中讲到，容忍这种矛盾情绪意味着学会体验一种情绪，而不被这种情绪淹没，并且理解所有的情绪都是暂时的。容忍矛盾情绪意味着能够思考并真正相信：我可能现在是恨你的，我可能现在想把你大卸八块，但我知道这种感受会过去，而我最终会重新找回对你的爱。

有用的分裂 vs. 过度的分裂

过度的分裂会让关系变得既艰难又不稳定。也许你认识这样一个人，他总是不断地开始并结束恋爱关系，总是不断地交新朋友，又不断地与其他朋友断绝关系。如果你不能忍受五味杂陈的情感，就难以维持亲密的人际关系。

从另一个角度来看，分裂也能帮助我们维持并保护人际关系。为愤怒情绪创造其他的出口意味着我们可以保护自己爱的人，使他们免受那些情绪的伤害。如果我们有合理的原因感到气愤，那么与朋友、家人和同事（用建设性的方式）沟通这种愤怒就很重要，而情急之下把火气全撒在他们身上不是一个好主意。

社会有一项很有用的功能,即为我们提供愤怒的出口——你可以找到感受并表达(分裂出来的)愤怒甚至憎恨的合理场合。比如,你可以考虑一下竞技体育,大多数观众都会支持一支队伍或一名选手,并且希望他们支持的队伍或选手使对手一败涂地。这种活动不仅为竞争的冲动提供了出口,还允许我们把许多侵犯性的情绪从亲密关系中引导出来,在更为安全的情境下予以表达。

在与明确的敌人作战时,战争也会起到相同的作用——为我们的侵犯性提供受到许可的出口。在战争时期,分裂会变得非常明显:国内的人很容易团结一致,把彼此的争端放在一边,联合起来与共同的敌人做斗争。在一定时期内,战争能在国内创造一种和谐与统一的感觉,尤其是在面对外界威胁的危急存亡的关头,这种作用尤其显著。

但是,一旦侵犯性失去了出口,过度依赖这种防御的人可能会陷入困境。例如,在1979年上映的电影《霹雳上校》(*The Great Santini*)中,布尔·米查姆上校(Bull Meechum)随部队归来后,总让家人担惊受怕。他后来向朋友维吉尔承认,在和平时期做一个战士是很难的。他的侵犯性需要找到被许可的出口,这样他才能将那种感受分裂出来,不让家人受到伤害。一旦失去了那种出口,他就会不断地残酷对待妻子和4个孩子。

你也许像我一样,参加过孩子的体育比赛,见过这样的父亲:他把女儿所在队伍的胜负看得无比重要,当裁判的判罚不利于己方时,就会辱骂裁判,表达敌意。他可能深受憎恨情绪的困扰,试图在运动中分裂并释放憎恨,但依然无法控制这种情绪。有时,"路怒症"也能反映分裂的过程：尽管在理论上，把愤怒指向陌生人是更安全的，但如果你在开车时插队，被插队的司机同样很愤怒，你就可能遇到麻烦！

你可能也见过怒不可遏的环境保护主义者运用分裂。我在上一章里就提到过这种人：充满敌意的动物权益保护者用强烈的憎恨来捍卫无辜的生灵或自然环境，他们把自己的憎恨指向了冷酷无情的排污企业或邪恶的实验科学家。他们往往觉得自己的愤怒是正义的，事实也可能的确如此。但如果分裂过度了，他们的世界观就会变得过度简化，他们的世界会变得像卡通片里的坏人与单纯无辜的受害者之间的斗争。

我们对自己所爱之人的感知与态度也可能会变得缺乏深度。依赖分裂的人可能会在亲密关系中变得过度"友善"；在个人的层面上，他们可能会给人留下矫揉造作和腻味的感觉。他们分裂了自己的侵犯性情绪，选择了一种自己更能接受的出口，但他们付出的代价是，他们的友谊、家庭关系与恋爱关系缺乏真正的亲密。

分裂我们对他人的感知

当我们使用分裂的时候，这种防御通常会影响我们准确感知他人的能力。在上面的例子里，过度狂热的环保主义者把动物权益与环境保护看成非黑即白，甚至是道德评判的问题。这样一来，站在他们对立面的人就变成了漫画里的反派——冷酷无情的商业巨头或残忍的科学家，而不是立体的人。本章前面的部分讨论过，如果我们觉得自己的憎恨是正义的，就会更容易接纳这种情绪。例如有时我们会在无意识中扭曲我们的感知，以此来为憎恨情绪辩解。

为了给自己的敌意找到安全的出口，我们可能会用明确的好坏标准来感知世界：我们喜爱无助、无辜的动物，憎恨剥削、利用动物的坏人；喜爱天然质朴的环境，憎恨污染环境的恶人。我们憎恨那些坏人，而他们罪有应得。在战争时期，政府会通过政治宣传来利用这种分裂，让我们相信敌人是邪恶的。请想想第二次世界大战期间拍的电影，里面有很多纳粹的卡通形象。

恨他们吧，他们活该！

20世纪40年代的那些战争片往往描绘了一些扁平的英雄，他们与纳粹战斗，他们的善良并不复杂——英勇无畏，理想主义，对祖国满怀热爱，随时准备为国捐躯。你很少听到今天的政客用"勇敢与自我牺牲"以外的词来形容我们的军人。把我们的世界看作一个非黑即白、正义与邪恶截然对立的世界，反映了分裂的过程。这个过程劫持了复杂而模糊的现实，为了防御而将其简化，不论这种防御是个体的心理防御机制，还是国家在战时动员全体国民的憎恨来保卫祖国的策略。

极端压力下的分裂

即使没有过度依赖分裂作为心理防御机制的人，也可能在极端的压力下诉诸分裂，此时他们正常的应对机制已经失效了。否认或压抑在一定时期内可能是有效的，但一段时间之后，强烈的情绪可能突破我们的防御，分裂就成了防御的后备力量。下面，我会举一个例子来更清晰地说明这个过程。

我的来访者克洛艾有一个侄子，他与一群毒贩混在一起，后来被那些毒贩残忍地杀害了。那些杀人犯被抓捕归案，但等了好几年才开庭审判。审判前，克洛艾和家人知道他们会在证人席上听到许多可怕的事情，于是他们组成了一个支持性小组。他们制订了一个时间表，确保法庭上始终至少有一名家庭成员在场。他们把日常的事务与职责都放在一旁，让自己的生活围绕着即将到来的审判进行下去。

在这段时期里，克洛艾的家人一心一意地要为被害的男孩讨回公道，而在这样的情况下，家人回忆里的受害者往往会被美化，变成一个远比现实中的他更好的人。一家人对公道的追求几乎变成了一种宗教的狂热：让谋杀犯被判终身监禁成了他们生活的唯一目标。他们过去对彼此的抱怨与厌恶都被放在了一旁。我们大多数人都能理解这种情况，也可能会有相同的反应。

在审判开始的不久前，克洛艾的一位朋友犯了个"错误"，她对克洛艾的哥哥有些怨言。事实证明，她的怨言是很合理的，但克洛艾当时看不到这一点。克洛艾与这位朋友反目成仇，断绝了关系，并指责她"恶毒"地对待自己的哥哥，但实际上完全是自己哥哥的错。在克洛艾心中，这位朋友变成了一个很"坏"的人，一个应该被赶走的敌人。

就像在战争中的国家一样，克洛艾的家人紧紧地团结在了一起。被害的侄子是个好人，他们的家庭相亲相爱，所有不全心全意支持他们的人都是坏人。克洛艾的朋友变成了一个恶毒的敌人，必须被消灭。由于即将到来的审判给克洛艾带来了许多痛苦与恐惧，她承担了巨大的压力，因此她不能再容忍矛盾、模糊的事情，她无法去想她爱的哥哥对朋友做出了糟糕的事情。

几个月后，审判结束了，凶手也已获刑，克洛艾不再需要应对那种极端的压力了，此时她终于理解了朋友的立场，并恢复了这段友谊。但在那段难熬的时光，在审判之前和之中，她必须应对巨大的痛苦，所以微不足道的矛盾观点超出了她的情绪处理能力。

重点关注

极端的好和坏都是分裂的标志，在重要关系中，从极度积极到极度消极的情绪转变也是如此。你也会发现，分裂会导致对他人的感知产生巨大的起伏，一个人可能一夜之间就会从神坛跌进垃圾堆。非黑即白的思维方式更是家常便饭。

需要与依赖

如果人们无法忍受依赖他人必然带来的沮丧，就可能会很快坠入爱河，又很快一刀两断，他们起初会相信新伴侣是完美无缺的，然后又把他们看得毫无价值，弃之如敝屣。就像我的来访者亚利克西丝一样，你可能难以面对混合的情绪，总是通过甩掉让你失望或生气的恋爱对象来"消除"矛盾的情绪。认同第2章中第4组陈述的读者就有可能依赖这样的分裂。

你可能会在自己的友谊中发现相似的模式：也许你对某些敬佩的人毫无批判的想法，同时毫无保留地鄙视你的敌人。强烈而喜怒无常的情绪是分裂的标志。如果你对其他人产生了强烈的依恋或痴迷，不论那个人是朋友还是浪漫伴侣（尤其是在你太过理想化地想象他的情况下），你可能就在依赖过度分裂的心理防御机制。最认同第 2 章中第 2 组陈述的读者应该注意，如果你总是不断地对新认识的人充满热情，又突然对他们失去兴趣，这说明你可能很难接纳所有关系中涉及需要或依赖的矛盾情绪。

虽然我们通常会对愤怒的觉知产生防御，但我们也可能在过于害怕承认需要与依赖的时候，把自己的爱意分裂出去。长期处于愤怒或不满情绪的人可能逃避了自己温柔的情绪。有时，感到义愤填膺（这是一种多么强大的情绪）比脆弱、受伤，以及对所爱的人失望都更加安全，尤其是在我们非常依赖那个人的情况下。

情绪

最认同第 2 章中第 4 组陈述的读者可能偶尔会大发雷霆或情绪失控。在很长的一段时间里，你可能成功地分裂了自己的敌意或"负面"情绪，为这些感受在别处、在很远的地方找到了出口。但当你突然对身边的某个人生气时，怒火可能会占据上风，完全淹没你。突然之间，你会产生无法预料的强烈情绪冲动，尤其是在你无法解释当下的情绪为什么如此强烈的时候，这种现象往往表明分裂的心理防御机制失灵了。

有时分裂可能是一种非常稳定的防御，比如那种"四平八稳"的人，他们总能把自己的情绪控制得很好，只会偶尔爆发（第 2 章第 3 组陈述）。分裂也在强迫症中起到了很大的作用。在著名的"鼠人"（Rat Man）案例中，弗洛伊德描述了一个有着强烈爱恨冲突的患者。这位"鼠人"依靠穷思竭虑与强迫行为来将憎恨控制在觉知以外：强迫症状让分裂发挥功效，但他必须一直保持警惕。⊖ 如

⊖ Sigmund Freud. *S. E.* 10, p. 192.

果你也有强迫性的思维与行为，你可能也在依赖分裂来抑制自己的侵犯性。

作为一种心理防御机制，分裂也可能是非常不稳定和易变的：在一天之内，有些人可能会在极端的情绪之间来回变化。你对身边的人的看法可能会很快地从敬爱变成鄙视。矛盾情绪的问题，如何在关系中容忍混合情绪的问题，对每个人都是一项挑战，对于有着边缘型人格障碍的人来说尤为艰难。⊖

自尊

对于有着羞耻感和低自尊问题的人来说，矛盾情绪带来了额外的挑战。如果我们处在个人价值感的挣扎里，当我们爱的人让我们沮丧或失望时，我们往往会把这种行为当作对我们个人的轻视，这样会让我们受到深深的伤害。我们可能会恨他们让我们有这种感受，而这种恨是非常令人痛苦的。我们会把自己的爱分裂出去，逃避到愤怒的情绪里，与唤起我们羞耻的痛苦感受的人反目成仇。与第 2 章中第 6 组陈述最有同感的读者可能会依赖这种分裂。（我会在第 11 章详细阐述这种心理防御机制。）

练 习

（1）你的政治倾向是什么？如果你对自己的政党有着强烈的

⊖ 虽然我觉得"边缘型人格障碍"这个诊断标签没什么价值，但对于几乎所有的所谓"人格障碍"，以及其他精神障碍，DSM-IV 的确指出了许多经常同时出现的特征。对我们来说，这些特征中最重要的是"不稳定的、激烈的人际关系模式，其显著特征是在理想化与贬损的极端态度之间来回转换"。这种转换反映了分裂这一心理防御机制的不稳定与易变。

认同感（也就是说，如果你总是投票给共和党或民主党的候选人），那就浏览一下其他政党的交流平台，看看自己是否同意他们的某些立场。政治是非黑即白的思维方式很流行的领域之一。如果你发现自己不认同他们的任何观点，那么你可能在依赖分裂来消除所有模糊的以及有着细微差别的事情。如果你喜欢借助讽刺漫画来思考问题，那就更是如此，例如把共和党人看作持枪的宗教疯子，或者把民主党人看作痛恨上帝的无神论者。

（2）回想一下你早期的恋爱关系。你能想起自己第一次对伴侣感到沮丧、失望或愤怒的情境吗？你是如何应对那些感受的？这些感受有没有让你对继续这段关系的想法产生严重的怀疑？这段关系是否渡过了难关，或者说，这次危机是否让你们的关系走到了尽头？

（3）现在想想你目前或最近的一段恋爱关系。回想一次让你感到受伤或失望的激烈争执。你是如何表达愤怒的？

- 你是否大发脾气，用伤人的方式攻击了自己的伴侣（即使你觉得自己这么做是有道理的）？
- 或者恰恰相反，你是否害怕生气，不论是你生气还是伴侣生气，都让你感到害怕？你是否很快就让步并接受批评了？

两种情况都反映了分裂的过程：在第一种情况中，你将自己所有的善意和爱的感受分裂了出去，因此只能体验到敌意；在第二种情况中，你将自己的愤怒分裂了出去，因为你觉得愤怒太让人苦恼或太具有破坏性了。

（4）当你对朋友、家人或同事生气时，你是倾向于逃避冲突还是"放弃他们"？如果你的行为模式是引爆冲突，导致关系破裂，尤其是如果你倾向于理直气壮地为自己辩护，那么你可能就运用了分裂。回顾一段破裂的关系，选择一个仍然让你感到生气，但曾经对你十分重要的人：

- 强迫自己站在对方的立场上，思考发生了什么事。不要让自己"反驳"，也不要想"是的，但是……"。
- 回想一个在关系破裂之前，你依然与这个人很亲近的时刻。试着回想你对这个人的良好感觉，看看是否还有残留的感情。如果你回想不起来，那么你就成功地分裂并否认了你曾经对这个人有过的所有感情。
- 如果你能成功地回想起一些良好的感觉，你是否会因此感到有些难过或后悔？当我们"治愈"分裂的时候，也就是说，当我们恢复被分裂出去的爱或情感的时候，我们往往会感到丧失、后悔或遗憾。
- 或者，你是否感到羞耻？有时，我们会从"完全正确"变成"完全错误"——这是另一种分裂。看看你能否找到更"复杂"一些的看法，也就是你们两个人共同造成了对彼此的误解。

（5）回想过去生活中的一段非常困难的经历——也许不像我的来访者克洛艾的经历那样可怕，但也是非常有压力、非常痛苦的经历。

- 在这段时期内,你是否和大多数人一样,变得更敏感或更易怒了?你是否更难以忍受生活中常见的挑战了?
- 你是否与他人产生了重大的分歧?你是否曾经因为朋友、同事或家人的行为而感到遭受了"迫害"?你是否觉得自己有敌人?
- 回首过去,你能否发现自己的世界观或对他人的理解是歪曲的或不准确的?与自己当初的看法比起来,你现在是否觉得那些事情显得有些微不足道?

提 示

有了前面几章的练习作为基础,上面的练习能鼓励你更深入地探索敌意在你的恋爱关系和其他亲密关系中的作用。到目前为止,我们讨论过对愤怒的否认、压抑、置换,现在又讨论了分裂和引导愤怒远离自己爱的人。管理具有潜在破坏力的愤怒与憎恨,对于每个人来说都是一项重大的心理挑战。

在接下来的一周里,请注意你可能产生的任何敌对情绪。留意自己是如何应对它们的,看看自己是否采用了目前讨论过的心理防御机制。我会在第三部分中谈到,抑制最初的情绪爆发是一种更有效的应对策略。请记住,所有的情绪都是暂时的,都是会过去的。不过,这说起来容易,做起来难!

第 7 章

理想化

> 山姆：我第一次触碰她的时候就知道了。那感觉就像回家一样……只不过像回了一个我从没回过的家。我只不过是牵起了她的手，扶她下车，然后我就知道了。这就像……魔法一样。
>
> ——《西雅图未眠夜》(Sleepless in Seattle，1993)

在上一章里，我讨论了我们是如何利用分裂来消除模糊性的，这种模糊性既包括混合的情绪，也包括相互冲突的态度。我也用战争的例子讲述了分裂如何影响我们对他人的感知——在战争时期，对方的士兵变得很坏，而我们的士兵变成了最好的人。由于这种分裂，我们倾向于憎恨我们的敌人，并且用理想化（idealization）的眼光看待我们的英雄。这一章会探讨理想化通常是如何伴随分裂的，以及它是如何作为一种独立的心理防御机制存在的。

理想是完美、美好或优秀的标准,理想化意味着把普通的事物或人抬高到完美的地位上。我们大多数人都对这个过程有着本能的理解,我们知道理想化涉及不切实际的希望或期待,并且往往会导致幻想的破灭,我们最熟悉的例子就是浪漫的爱情。在每一段爱情开始的时候,爱人似乎都很完美,毫无缺点或性格问题。随着时间的推移,当理想化的光环渐渐消失的时候,我们会发现爱人的真实面目。如果幻灭感太过强烈,甚至可能让这段刚开始的关系走向结束。

除了理想化地看待另一个人以外,我们还可能理想化地看待一种经历,甚至我们自己。

理想化地看待一种经历,就是相信这种经历会完全满足我们,或者解决我们所有的问题。例如,一个人总是相信,只要发生这样或那样的事,生活中的所有事情都会变得很完美。

理想化地看待自己,就是相信我们不会犯错,也没有心理上的困扰,或者认为自己没有实际上那么多的困扰或缺陷。自恋的人在无意识中对自己内在的缺陷怀有深深的羞耻感(见第 11 章),他们不顾一切地想要相信自己是完美的、美好的,受到他人的嫉妒或欣赏。

在本章里,我会详细地讨论这 3 种理想化——对他人、对经历以及对自己的理想化。

作为心理防御机制的理想化

第一眼看上去,理想化似乎不像是一种心理防御机制。当然,它是一个我们熟悉的心理概念,但它怎么会是一种防御呢?它以何种方式体现了我们为了逃避痛苦而对自己撒的谎？

在我们的无意识中，有些困境让我们觉得无能为力、太过痛苦，以至于我们不敢面对。就像分裂简化了模糊性的问题一样（消除了不确定性与矛盾所带来的痛苦），理想化也为这些困境提供了一种简单的"解决之道"。想想那个总是不断谈恋爱又不断分手的朋友，那个不断地经历兴奋、迷恋、痛苦与幻灭的朋友……你有没有发现，当每段新恋情开始分崩离析的时候，他都会陷入抑郁？你可能会以为他的抑郁是由失望导致的，但实际上他一直是抑郁的。理想化是对抑郁情绪的防御，一旦这种防御失效，他就会再次触及那些他原本想要逃避的感受。

换言之，有些人会在恋爱中寻求像毒品一样的效用，把爱情当作一种情感的抗抑郁剂。他们与恋爱对象的交往与真正的情感联结和亲密没有关系，他们渴望的只是坠入爱河带来的"快感"，他们用这种体验来逃避痛苦与抑郁。每段恋情的结束都会让他们回到原本想要治愈的感受里。

恋情的起伏会让我们想起双相情感障碍中常见的情绪起伏，我们曾经把这种障碍叫作躁狂抑郁症（manic-depressive，以下简称躁郁症，我觉得这个术语描述得更为准确，也更加有用）。其实，躁郁症与连续多次的恋爱都反映了一种逃避到理想心态（迷恋或亢奋），从而逃避掉无法忍受的痛苦的企图。

你也许熟悉轻度躁狂（hypomania）这个词（从字面意义上看，它是指"未达到躁狂"），它不像躁郁症中的躁狂状态一样极端、危险，但性质相似。理想化的恋爱代表了一种轻度躁狂，其目的可能是治愈无法忍受的抑郁情绪。

伊桑

我的来访者伊桑是一个有抱负的作家，他当时大约二十五六岁，患有轻度的躁郁症，总是不断地谈恋爱又不断地失恋。他会一连数天，有时一连好几周都处在严重的抑郁状态中，那时他只能应付工作，勉强度日。在晚上和周末，他会把自己关在家里，一个字都写不出来，除了看电视以外，什么都做不了。时间一长，他就忍不住想要离开公寓，去酒吧和舞厅。他几乎是在有意寻找新的恋情，从而让自己摆脱抑郁。

当他遇见一个新的伴侣时，迷恋会让他感到一种"亢奋"，这种亢奋会一直持续到恋情结束……也就是几天或几周后。伊桑总会理想化地看待伴侣，赋予伴侣他们不曾拥有的品质，对他们真正的性格视而不见。现实会不可避免地打破他的幻想，而他会经历幻灭，于是分手并回到抑郁中。在很长一段时期内，伊桑觉得无法面对他抑郁的内在原因——强烈而具有破坏性的愤怒，这种愤怒在一定程度上是由他的期望维系的，他觉得自己应该得到一切他想要的东西，而无须付出努力。他在恋爱中寻求魔幻般的治愈，不断在恋爱的"药效"消退之时更换伴侣。

理想化的文化意象

你也许认识像伊桑这样的人，只不过他们对恋爱的热衷没有那么极端。也许你自己就是个不断恋爱的人。我们的文化不断地为我们呈现理想化的爱情意象，以及"从此幸福地生活在一起"的童话结局，就好像好的恋爱关系能解决我们所有的问题。许多人渴望举办一场完美的婚礼，因为他们将其看作完美恋爱的顶点。

好莱坞电影，尤其是浪漫喜剧电影，不断地为我们灌输完美爱情的意象：有着惊人美貌的人儿坠入爱河，努力克服障碍，最终战胜一切艰难险阻，肩并肩地骑着马消失在夕阳的余晖里——在那部浪漫的电影《公主新娘》(*The Princess Bride*，1987）里，就有几乎与之一样的场景。当然，那部电影是一个童话……然而，许多成年人愿意相信童话。

对理想化恋爱的追寻，意味着渴望达到完美的状态，希望一劳永逸地解决所有问题，消除所有的痛苦与苦难。这反映了一种魔幻式的信念，本章开篇《西雅图未眠夜》中的台词就很清晰地体现了这种想法。在电影的最后一幕，当山姆最终牵起安妮的手时，观众能理解到这种肌肤的触碰是有魔力的，而这对坠入爱河的情侣从此会幸福地生活在一起。

理想化与分裂

恋爱中的理想化依赖于分裂的过程：分裂所有与"真爱"产生冲突的感受与疑虑，然后将它们抛诸脑后，以此来"消除"对爱人的矛盾感觉，这个过程往往是通过投射（下一章会讲到）来实现的。不断恋爱的人会尽可能地抓住完美的假象，直到现实最终打破这种假象为止。此时，先前完美无缺的伴侣会突然变得毫无价值。"全好"变成了"全坏"。

尽管我们用"爱"这个词来形容这种理想化的浪漫情感，但我们现在应该能看得很清楚，这些感受与从长期关系中发展出来的爱是毫无相似之处的。许多人称这种感受为"恋爱"，以此来与其他形式的爱进行区分。浪漫之爱取决于对爱人的理想化，而更加现实的爱涉及对对方更加复杂的理解，这种理解往往包括对对方令人讨厌的特质或惹人生气的行为的理解。理想化的恋爱则容不下这些困难的情绪。

从另一个角度来讲，伴随恋爱而来的早期的理想化是有其功效的。多年以来，我的心理治疗师曾多次告诉我，这样的浪漫情感可以帮助我们克服与陌生人亲近时的焦虑感。对一个新认识的、有很多未知之处的人敞开心扉，以脆弱的一面示人，可能是一种很可怕的体验，可怕到我们可能会完全逃避这种感觉，从不与人亲近。作为一种心理防御机制，浪漫之爱（理想化）能帮助我们克服这种恐惧。

我想说的是，只有当我们从理想恋人与完美恋爱的梦境中醒来，发现与我们相伴的人其实真的不错时，我们才能拥有持久的爱情关系。最好的情况是，当理想化逐渐消退的时候，我们能发自内心地欣赏伴侣，并能与伴侣在这种欣赏的基础上产生真正的亲密。若理想化成了强大的防御，个体无力接受内部和外界的现实，那么幻灭、绝望或抑郁会接踵而至。

英雄与名人

在我们的文化中，我们也倾向于用理想化的眼光看待一些公众人物，尤其是著名的运动员与电影明星。我们不会把他们看作和我们一样的普通人，我们会把他们抬高到完美的地位上：他们会变成英雄，成为我们理想的化身；或者，他们身为名人，拥有令人艳羡的生活，不会像我们一样深受苦难的困扰。

乍一看，这种理想化一点儿也不像心理防御机制。对名人的理想化怎么会是我们为了逃避痛苦而对自己撒的谎呢？我必须承认，这不是一种特别强大的心理防御机制，但其中的确有一种自我欺骗：（我们告诉自己）有些人足够幸运，能过上无忧无虑的生活，没有平凡人的痛苦，不会像我们一样，感到受伤、失落和沮丧。即使他们也会感到痛苦，那种痛苦也与我们的苦难有着本质上的区别——他们的痛苦层次更高，甚至令人羡慕，因为他们很有名。在我们的文化中，我们通过崇拜名人来逃避平凡人的庸常。

我们迷恋著名影星、运动员的生活，也能为我们在大街小巷、高中校园以及公司大楼里的闲谈提供素材。这里涉及了一定程度的替代性满足，即我们短暂地参与了那些名人光鲜亮丽的生活，逃离了我们平凡的世界。但是，在另一个层面上（通常是无意识的层面），我们嫉妒名人的理想生活，我们知道自己永远不会拥有那样的人生。因此，我们私下（有时是公开地）为他们的失败感到幸灾乐祸——所以那些报道背叛、虐待和离婚丑闻等花边新闻的杂志小报才会如此畅销。

对经历的理想化

有些人相信"只要"某件事发生，他们就会得到渴望已久的幸福。他们通常把未来的事件理想化了，因为他们觉得自己无法应对真实的困难,这种困难有时是外部的,但通常是内部的。

对于某些经历,我曾有着很强的理想化倾向(现在可能依然如此)。小时候,我们一家人很少团聚,而且相处得总是不愉快。我们全家一起出门度假的时候,要么是周末去红杉国家森林公园野营3天,要么是百无聊赖地从加利福尼亚州开车去得克萨斯州看望妈妈的家人。

在我有了自己的孩子以后,我对全家出门度假怀着不切实际的、理想化的期待,就好像一次旅行就能解决所有问题——好像完美的家庭假期能弥补我童年的遗憾。在那些假日的照片里,你能发现我的闷闷不乐,因为我意识到我们依然是一群烦躁易怒、吵吵闹闹的人。时至今日,我的孩子依然会取笑我对于完美家庭假期的理想化幻想。

许多人对假日抱有相似的理想化信念。"只要我去了夏威夷,一切都会变得很完美。"或者:"这地方太棒了!要是我能一直住在这儿,肯定会很幸福。"不幸的是,假日会结束,而事实证明,假日旅行不是治愈不幸的良药,我们最终会回到不完美的生活,去面对我们内在的困境。潜在的理想化信念是无穷无尽的,它们往往会被投射进我们想象中的未来。只要我换一份工作、搬去另一个城市、买下那台纯平电视,一切都会变得很完美。类似的例子无穷无尽。

就像浪漫之爱一样,这种理想化往往包含了一种兴奋的感觉,这种感觉起到了抗抑郁剂的作用。对于即将发生的事情极度痴迷,它能帮助我们逃避其他更加痛苦的感受:我们不需要面对迫在眉睫的困境,不论这种困境是内部的还是外部的,因为一旦那件事情发生,这种困境就不会存在了。

对自我的理想化

如果我们对内在的缺损感到深深的羞耻与绝望,我们可能会失去希望,进而否认现实,创造出一个理想的自我意象,用这种意象——一种有关"我是谁"的虚幻信念来伪装自己:我的生活并不是一团糟,我心里没有羞耻感与绝望,我其实比别人都强,其他人都欣赏我。简而言之,这就是自恋性防御:最初只是否认,在理想化的过程中不断发展。自恋者理想化地看待自己,并且想要他人也理想化地看待他。

你可能认识这样的人,他经常谈论他刚刚做的了不起的事,他美妙的假期,他吸引了聚会上每个人的目光,他遇见某人真是太幸运了,他获得了某个奖项或绩效考核的优异成绩,等等。你偶尔可能会羡慕这个人,这就是他(在无意识中)想让你产生的感觉。我会在下一章("投射")详细地讲述这种动力模式。

自恋者依靠他人的欣赏和羡慕来支撑对自我的理想化。这种理想化是自恋者防御羞耻感的主要方式,我会在第11章更详细地讨论这种理想化。

重点关注

试图完全地、一劳永逸地解决内在或外在的复杂问题是理想化的标志。由于理想化经常与分裂同时出现，所以也会出现在好与坏（完美与无价值）、爱与恨的态度转换中。

需要与依赖

过度依赖理想化这一心理防御机制的人很难接纳相互依赖的关系，因为在这种关系里，沮丧与失望是不可避免的。当这些感受出现的时候，他们对某人的态度可能会从理想化转变为贬低，甚至憎恨。

如果你时常经历这样的循环——迷恋新认识的人（朋友和恋爱对象），然后又对他们感到深深的失望，以至于认为你们的关系不再有什么价值了，那你可能就在使用理想化的防御。最认同第 2 章中第 2 组陈述的读者可能会依赖这种防御。

理想化看待他人的人往往想要与另一个人建立完美的亲密关系，有时几乎要将彼此的身份认同合二为一。你可能认识这样的情侣，他们俩看起来就像连体婴儿，无论做什么事都在一起，兴趣爱好也完全一样，等等。当你坠入爱河的时候，也许你会忽略其他的关系，完全投入与一个人的关系里，而他成了你宇宙的中心。全身心地投入一段关系——想要随时随地在一起，好像其他的事情都不再重要，并且相信对方拥有为你开启幸福之门的钥匙，这就是一种理想化。

有些人对朋友和恋爱对象持有不近人情的标准，他们也在使用理想化这种防御，这往往是因为他们无法忍受真实关系中必然出现的沮丧与失望。在这种情况下，他们把未曾谋面的朋友、未来的灵魂伴侣理想化了，他们认为这些人会完全满足他们的期待。这些想象中的友情或爱情的客体与真人不同，他们永远不会让你失望，永远不会想要与你想要的不同的东西，永远不会有伤害你的无心之失。

情绪

在躁狂－抑郁的循环中，人们会在过度乐观和绝望悲观这两种状态间转换，在这个循环中，既存在分裂，也存在理想化。即使你在严格意义上不符合双相情感障碍的诊断标准，你依然可能在"太棒了"和"糟透了"这两种感受之间来回转换。你以前可能就想过这个问题：为什么你一周前似乎还春风得意，对生活和未来充满热情，一周后就跌入了谷底，却找不出明显的缘由。这可能是理想化的作用。认同第 2 章中第 4 组陈述的读者会倾向于依赖理想化。

如果你对许多事物（新爱好、新工作，到另一个城市或国家生活，最新款的 iPhone）都产生过强烈的热情，但这种热情并不持久，那么是理想化在发挥作用；如果你随后会产生同样强烈的失望，就更是如此。如果你经常发现自己有这样的想法——"如果事情是……的，一切就会很完美"，那么你已经把未来事件理想化了。

滥用某些毒品（如可卡因或冰毒）的人可能会理想化地看待毒品带来的快感，认为那种体验能消除无法解决的个人困境或难以忍受的痛苦。无法忍受自身痛苦的人往往会自行"服用"许多"药物"，其中包括剧烈运动带来的内啡肽快感，以及追求刺激带来的肾上腺素飙升。他们把某些精神状态理想化了，并且通过追求这些状态来"解决"自己心中无法面对的困扰。

具有本节描述的所有特点的人很难建立真正的友谊或维持亲密

关系，因为他们有着追求"完美"的驱力，这导致他们远离自己真实的内心，几乎不可能与他人建立真诚的联结。

自尊

当一个人的无意识在羞耻感中挣扎时，他可能会设法从他人那里获取赞赏，以此来替代真实的自尊。如果内心的挣扎非常激烈，他就会有很强的驱力，让自己表现得既完美又令人羡慕。最认同第2章中第5组陈述的读者可能会理想化地看待自己，不断地努力让自己显得似乎"拥有一切"。在与朋友或熟人做对比时，如果你觉得自己有很强的优越感（这种优越感可能是有关金钱、智力、外貌或工作的），并且总是不断地寻找各种微妙的机会来展示自己的优越感，那么你依赖对自己的理想化来逃避羞耻或低自尊的感觉。

当两个这样的人建立恋爱关系时，他们往往会想要表现得比其他人更完美。这种关系会变成两人自我意象的延伸，关系中会充满得到他人欣赏或羡慕的期望。这种恋情可能会依赖伴侣双方对彼此的理想化，也就是说，你会支持对方逃避羞耻感的防御。

最认同第2章中第6组陈述的读者会倾向于理想化地看待他人，并贬低自己。他们可能会用非黑即白的极端方式思考：其他人的生活都很完美，而我的生活一无是处。比如，你经常希望自己是另一个人——你心中有一些偶像或英雄，你觉得他们远远在你之上，就像贵族一样生活在高不可攀的云端，而你只是一个底层的农夫，这正说明了理想化的作用。但是，这种精神状态是非常痛苦的，它是怎么起到心理防御、逃避痛苦的作用的呢？我们会在第11章讨论这个问题。

如果你痴迷于名人光鲜亮丽的生活，那几乎可以肯定你有理想化的倾向。借助摇滚明星、演员和其他媒体人物的经历，你过上了一种替代性的生活，这种生活代表了你排斥痛苦的自我，你逃避到了一个没有苦难的理想境地。

练 习

（1）请回想你刚刚坠入爱河或开始迷恋某人时的情景，尽可能多地描述那段经历的细节。因为这是一种常见的经历，所以我们会把这种经历作为理想化心态的一个示例。

- 你是否觉得自己"幸福到了极点"，就好像你能解决任何问题？过去让你烦心的事在那时是否显得不再那么重要了？
- 你是否觉得自己的运气好到难以置信？你是否相信，如果其他人知道这种感觉有多美妙，他们就会愿意过你的生活？

请尽量发挥自己的写作能力，把你感受的细节都描述出来。这些兴奋的感受正是理想化带来的精神状态的体现。

（2）你是否曾认识并与某人建立了深厚、炙热的友谊，但在一段时间之后就关系恶化、反目成仇？也许在一开始，你全身心地沉浸在这段关系里，与刚刚坠入爱河的感觉颇为相似。你是否记得自己开始用不同的眼光看待这个人时的情形？后来，你可能产生了一种感觉，觉得朋友开始轻视你、挑你的错，或者开始对他从前都不在意的事情表达厌烦。

- 请描述你最初对这位朋友的看法。即使你现在看不起此人,也请让自己回到当初,根据自己早期的感受,为他"画一幅肖像画"。如果可能的话,请尽量夸大他的优点。
- 请写下你现在对他的感受。就像你刚才的描述那样,请尽量用强烈的语气来表达你的感受。

在上一章里,我讨论过分裂如何导致非黑即白的世界观,而这项练习能帮你发现理想化是如何让你当初无视某人的缺陷,后来(一旦你开始贬低此人)却无视他的优点的。

(3)请回想这样的一段经历:你无比期待某件事情的发生,但当它真正发生时,你却感到深深的失望。这件事情之所以如此,可能是因为某些不由你掌控的环境因素,也可能是因为你理想化的期待。如果可能的话,请回忆一段你的期待的确造成了问题的经历。

- 请写下你在事情发生之前对这件事情的想象。请停留在幸福与圆满感受的源头。你真正想要的究竟是什么?
- 现在写下真实发生过的事情,以及你对此的感受。尽量突出理想与现实的对比。你可以用表格的形式呈现,一列是"理想",另一列是"现实"。
- 你的希望与期待是否影响了你的判断,以至于你做出了一些现在回想起来不太明智的选择?

(4)你是否曾抬出某些著名的人物来抬高自己?也许你恰好认识一些有钱人,或者在大街上看到某个名人,而这个人恰好是你的朋友、熟人或仰慕的人。

- 你是否觉得认识那个人或与那个人有联系提高了你的地位，提升了你的价值？
- 你是否私下里希望朋友羡慕你，希望他们遇见了名人，而不是你？

要向自己承认这些感受是很困难的，请尽量不要评判自己。如果这些记忆让你对自己的行为产生了尴尬的情绪，那么你可能在试图理想化地看待自己，同时想要他人也理想化地看待你，以此来逃避羞耻的感受。

（5）你是如何在家人和朋友面前呈现自己的理想化形象，如何夸大或过度强调优点、忽略缺点的？请回忆一件你想对家人宣布的很重要的事，或者一个想告诉朋友的很好的消息。

- 你是否认为，如果你不用这种方式来表现自己，你就不会得到接纳或重视？
- 他们对你所说的有什么反应？他们为你感到高兴吗？有人感到嫉妒吗？有人试图"戳破你的幻想"吗？
- 现在想象相反的情况：想象当你听见别人传达好消息的时候，你发现对方的生活似乎比你的更好。你有什么感受？你为他感到高兴吗？你嫉妒或悲伤吗？

（6）请回忆另一段恋爱经历，回顾那些早期的时光，回顾当你迫切地向家人和朋友炫耀伴侣时的情景。你是否在试图以某种方式理想化地表现自己？

- 现在回想起来，你觉得自己是否想要每个人都把你看作非常幸运的人，因为你的伴侣比他们的更迷人/更完美/更有魅力？
- 如果你现在正在恋爱或已经结婚，你是否会在心中不断地将你们的关系与其他情侣的关系进行对比？
- 你是否把自己的关系或其他人的关系看作完美的或接近完美的？

提 示

这章的内容应该能让你进一步地认识到，理想化在许多人的生活中起到了重要的作用，可能在你的生活中也一样。接下来，请留意人们描述自己的经历并试图让这段经历显得很完美的时刻。请审视你自己对于恋爱的希望与期待，并理解理想化在其中发挥的作用。请留意理想化事物让你失望时你产生的痛苦感受。那些感受可能不是失望的结果，而是你寻求理想化事物的原因。

做完前两项练习之后，你可能也会发现自己在某些特定时刻的感受（比如说，你在迷恋某个被你理想化的人时的感受）并不能很好地反映现实。本书的一个目标是帮助你找回那些被你压抑或否认的感受，而另一个目标是教你对自己的一些其他感受持有健康的怀疑态度。我会在第 3 部分详细讨论这一点——你不必始终相信自己的感受。

第 8 章

投　　射

你只不过是在投射！
　　——几乎所有人都这么说过

投射（projection）是另一个进入我们的文化并被广泛理解的概念，即使从未接受过心理治疗的人也能理解这个概念。"哦，别再投射了。"你的朋友可能会这么说。这个概念通常是指，你指责另一个人做了错事，但事实上，你才是该为此负责的人。我们的俗话"锅嫌壶黑"（the pot calling the kettle black）就巧妙地传达了这个意思。

但投射是一个含义广得多的现象。在一定程度上，每个人都会投射，而当今社会对于投射这个词的普遍应用低估了它的复杂性。为了拓展我们的理解，我会从另一种视角讲解投射：将其看作一种原始的沟通类型——最早的沟通形态，事实上，这种沟通出现在父母与孩子之间。我们先不考虑投射，先考虑一下发泄（evacuation）——摆脱某种让我们感觉很糟糕的东西。

婴儿如何沟通

想一想下面的表达：

- 发泄自己的感受。
- 向某人宣泄或倾吐情绪。
- 释放强烈的情绪。

这些表达都是某种发泄或排空情绪的过程。通过情绪化的话语（"发泄"或"释放情绪"），我们可以释放情绪压力。当我们向朋友大倒苦水时（"宣泄"或"倾吐"），我们把情绪的负担转移到了另一个人身上。对摆脱痛苦情绪，将其转移到他人身上的希望，正是促使人们不断地发泄或倾吐情绪的原因。他们也是在投射（也就是说，摆脱某种情绪），"投射"在这里的含义比我们对这个词的日常理解更广。

虽然婴儿没有语言表达的能力，但他们也会做相似的事情，他们会通过尖叫或哭闹来摆脱痛苦的情绪。在这个过程中，他们把痛苦发泄（投射）出来，让照料者难受。就像你一整晚聆听朋友的倾诉后感觉糟糕一样，父母会吸收孩子的痛苦，感到非常不舒服，以至于他们觉得自己需要采取行动。我们会感受到婴儿的痛苦，并试图弄清楚这是什么意思。我们需要给孩子喂奶，换尿布，或安抚他吗？

也就是说，婴儿用了一种完全合理的方式，把无法忍受的体验发泄或投射进⊖我们心里，引发了我们的共情反应，所以我们会帮助他们摆脱痛苦与不适。从演化的视角来看，你可以说投射不仅是一种最早的心理防御机制，帮助陷入困境的人类婴儿应对（摆脱）无法忍受的体验，还是一种沟通的形式，促使父母产生照料的反应。投射是亲子关系中正常而常见的部分，也是其他大多数关系偶尔会有的特点。

在正常的情况下，当婴儿得到良好的照顾，或不会给父母造成太大的困难时，他们会学着理解并容忍自身的体验。在成长的过程中，孩子将不再需要不断地将自己的体验投射到外界去，而会学会将这些感受留在心里，独立处理这些感受。也就是说，在照料者的帮助下，婴儿无法忍受的恐惧、痛苦、焦虑等情绪，会逐渐变得能够容忍。

这很像育儿的其他更为实际的方面：一段时间以后，孩子将学会使用刀叉、穿衣服、系鞋带，等等，于是我们不再需要替他们做这些了。同理，他们也能学会如何忍受自己的情绪体验，所以我们将不用一直帮助他们分担他们的感受。

日常生活中的投射

当然，这是一种理想情况。我们当中没有人是完全独立的，我

⊖ 虽然大多数人会说"投射到"（project onto），但心理动力学理论学家倾向于说"投射进"（project into），因为这种说法准确地体现了投射者在无意识中认为被投射的想法与情绪最终会出现在另一个人心中。

们也不可能完全不投射。这里有另一个日常投射的复杂例子,我敢肯定你们许多人都会对其产生共鸣。

有时,当我疲惫不堪的时候,我会在亲朋好友面前变得烦躁易怒。也许我会变得脾气暴躁、爱批评人,为他人做的非常烦人的事情发火。只是因为我心情不好,我就会在无意识中让身边的人感觉很糟糕。

这就是事情的经过:我产生了一种很不愉快的感受,一个人忍受这种感受实在是太难了。只有具备很强自我觉察力的人才能意识到疲劳与烦躁,并且在心里对自己说"我昨晚没睡好"或者"我这周太拼了,现在已经很疲惫了,我的感受与旁人无关"。相反,我把自己的感受投射进了身边的人,通过恶劣的态度让他们也感觉很糟。尽管我的暴躁易怒不能让我完全摆脱不快的体验,但这样的投射往往能带来一种解脱(通常之后还会有内疚)。

你有时会在工作场所看到类似的现象。"老板今天上午心情很糟,"有人可能会对同事这样说,"躲开点儿!"在公司组织里,处于权威地位的人可能会虐待自己的职员,通过把自己的痛苦施加(投射)于那些地位在他之下的人,来获得一定程度的解脱。为了完成研究生的学业,我曾做过诉讼法务助理的工作,经常看到压力重重的律师在开庭前夜做出一些很过分的事情,把同事和秘书弄得很痛苦。

正如俗话所说,坏事只会顺流而下(shit travels downstream)。

我们能理解这是一种投射,在这种情况下,坏情绪在层级结构间自上而下地传递。这是一种心理防御机制,其目的是帮我们摆脱痛苦。尽管这种防御可能是无效的,往往还是有破坏性的,但做出这种行为的人很痛苦,他被自己的痛苦淹没了,所以他试图通过投射来摆脱这种感受。即使我们已经不再是婴儿，父母也不再像我们还是婴儿时那样照顾我们，但在无意识的层面上，我们肯定也希望有人能理解我们痛苦的哭喊，前来帮助我们。

在第 5 章，我讲过有人会把自己的感受"发泄"在朋友或自己爱的人身上，但实际上这种情绪的真正客体另有其人——这是置换的例子。我们也会为了摆脱痛苦，将自己的感受发泄在别人身上，此时我们在无意识中想让他人感到难过。我们大多数人都曾对自己关心的人发泄过情绪。当我们处于压力之下，当我们更为成熟的应对机制无法使我们忍受生活中的情绪挑战时，我们就会重拾早期的防御机制——投射。

我想，当我们无法忍受自己的感受时，替我们承担这些感受就成了我们所爱之人的职责（有时是个不怎么受欢迎的职责）。扛起这种负担（投射）是关爱与照料他人的一部分。当我们发现某人在用这种方式投射的时候，我们往往会理解并试着安慰他。然而，如果我们出于自身的原因无法忍受这些投射——如果我们自身也承担了太大的压力，或者对其他问题心怀不满，我们就可能觉得受到了攻击。我们可能会报复（把糟糕的感受原样奉还），从而可能导致一场投射的战争，并使其愈演愈烈。

对内疚的投射

我们已经理解了广义上的投射，现在我们再来看看我们更熟悉的投射，也就是否认内疚和良心上的不安，并将罪责推卸给他人的行为。

比如说，吉姆忘了在下班回家的路上做一件他承诺要做的事。当他晚上回到家的时候，妻子斯特凡妮问道："干洗的衣服呢？"吉姆羞怯地承认自己把这事忘得一干二净，并赔礼道歉。由于吉姆总是"忘记"这种事，妻子只得厌烦地叹了口气："我只好明天自己去拿了。好像我要做的事还不够多似的！"

吉姆突然很想为自己辩护，他生气地对斯特凡妮说："我不知道你为什么要这么大惊小怪。我忘了，那又怎样，有什么大不了的？你总是喜欢评判别人。"

你和家人、配偶或朋友有过这样的对话吗？我自己肯定有过。

起初，吉姆承认了错误，并道了歉。在那种情况下，大多数人会承认自己的内疚，但只有对方立即毫无保留地接受他们的道歉，并且完全原谅他们，他们才能保持平和。任何持续的批评或严厉的态度都会让内疚变得无法忍受，这时，许多人会推卸所有的责任，把自己的内疚（良心的不安）投射到外界，从而摆脱这种感受。

在这个例子里，吉姆的内疚感最后转移到了批评他的斯特凡妮心里，他通过调转矛头，把斯特凡妮变成"坏人"，从而驳倒了她。吉姆不再为自己的粗心大意感到内疚了，相反，他试图让斯特凡妮为自己的苛刻和好评判而良心不安。在某种程度上，吉姆知道自己负有责任，投射就是他对自己说的"谎言"，因为他无法忍受那种内疚：你才是坏人，我不是。

恋爱中的投射

我们也能在恋爱中发现这种投射的过程。我们可能认识一些坠入爱河的人,而且想知道"她到底看中了他哪一点"或者"他是不是瞎了眼"。恋爱中的人往往非常渴望像药物成瘾一样的迷恋,不愿让自己觉察到爱人身上任何不好的人格特质,这就是完美之爱的幻想。这样一来,对错误和缺陷的觉知被分裂了,他们往往会把这种觉知转移到(投射进)朋友或家人的心里,朋友或家人则不得不承受所有的疑虑。

陷入迷恋的人可能会避开亲友,甚至与他们翻脸,这样他就不用面对被分裂的觉知了。也许你也有过与我类似的经历:你可能觉得,出于对朋友的关心,自己有义务向他揭露一些他新交的女朋友的缺陷,而这位朋友却与你翻脸了。如果一个人在自欺欺人,不愿面对真相,你却试图让他睁开眼睛,你的行为可能会让他觉得很糟糕,甚至怀有敌意,他很容易就会把你当作敌人。

投射作为性格的一个方面

上面的那些例子说明了如何将无法忍受的感受或厌恶的事实投射进别人的心里。有些人可能会在生活的方方面面长期地使用投射,以至于投射会决定此人的整体性格。

这里有一个经典的例子。也许你认识一个非常冷静、理性,几乎有些冷漠的男人。他可能是一个工程师、律师、会计,或者某种科学家,是一个善用分析性思维的人,而他的情感生活受到了严格的控制。我认识很多这样的男人,他们最后都娶了极度情绪化和黏人的女人。就我的经验来看,这是一种我很熟悉的动力模式:伴侣中的一方摆脱了自身情感生活中的一大部分,并将其投射进了另一方心里，让对方替他保管这部分情感。

我不黏人，你才黏人。我没有许多痛苦和害怕的感受，你才有。

当然，这个过程发生在觉知以外，也就是说，它是无意识的。投射的过程在这样的男人的性格中根深蒂固，且受到了他婚姻的支持：他娶了一个女人，这个女人替他承担了所有他无法忍受、不愿承认的感觉。

分裂与投射的结合

在第 6 章，我讨论过矛盾情绪的问题，以及我们如何运用分裂来简化或消除我们相互冲突的情绪。我们会把这些矛盾情绪分裂开来，并且往往会试图摆脱矛盾情绪中的一方。作为心理防御机制，分裂与投射经常结合在一起，共同应对矛盾情绪的问题。

假设我难以容忍愤怒与侵犯性的情绪，也许我的原生家庭不接纳这些情绪，而期待我做一个"友善"的人。事实上，我是一个既友善，又不那么友善的人，心中有着爱与敌意混杂的冲动。然而，当我不能容忍敌意的时候，我就会将其分裂：那些充满爱意与社会接纳的感受才是我的，而那些充满敌意与侵犯性的感受不是我的。因此，我将自己分裂为两个部分，并且否认了其中的一个部分，而这就意味着，我往往会将那个被否认的部分投射到外界。

在第 5 章，我讨论过来访者妮可，那个因怜悯受伤的鸟儿遭受残忍同学的折磨而伤心哭泣的年轻女士。妮可心中有一些极度残忍的情绪，而她无法承认这些情绪，她那富有同情心、极度善良的人格面具是一种对这些情绪的反向形成。与此同时,她把这些情绪投射进了其他孩子心里,于是那些孩子成了这些残忍情绪的代表。那些孩子的确做出了残忍的行为,所以你可以说他们证实了妮可的投射。在我的专业里,我们有时将这种现象叫作"投射进现实"(projecting into reality)。

在健忘的吉姆与妻子的例子里,吉姆把自己良心的不安投射进了斯特凡妮心里。在吉姆看来,她代表了苛刻评判、大惊小怪、小题大做。但也许斯特凡妮的确是个很苛刻、爱评判的人,当吉姆把自己良心的不安投射进斯特凡妮的心里时,她随后的反应似乎证明了吉姆的投射是"有效的"。许多婚姻中都有一些根深蒂固的困难,这些困难都与这种动力模式有关。

- 为什么你总让我那么压抑?
- 你总是这样——你总是说话不算数,要是我不满意,我就是个唠叨的泼妇。
- 哦,别再投射了!你为什么不承认你对自己做的事感到内疚?

你身边的某人是否曾经一直问你是不是对某件事感到生气,而你根本没有那种感觉?他可能问了太多次,以至于你终于开始生气了。这可能是因为他注意到了某些你没发现的事情,也可能是因为他把自己的愤怒投射进了你心里,而现在他觉察到了你的愤怒,与你产生了认同,却没有发现自己心里的愤怒。他喋喋不休地问"你真的没有生我的气吗",可能最终会激起那种被投射的情绪,从而(在无意识中)证明这种防御机制已经成功地发挥了作用。

换句话说，当人们依赖投射这种防御机制时，他们往往会试图证实投射的内容，也就是通过说一些或做一些事来让对方产生被自己否认的情绪，从而说服自己防御机制已经生效了。

投射与焦虑

有时，当人们投射或发泄某种无法忍受的情绪时，他们的投射可能不具有明确的私人情感，但他们会感到一种莫名的害怕或恐惧，就好像外界有某种迫在眉睫的威胁。在对焦虑障碍患者进行治疗的时候，我经常发现，他们的焦虑反映了对某些情绪的恐惧，他们害怕这种情绪会回来，淹没他们。这种感觉很可怕，而且他们不理解自己害怕的是什么，于是就更害怕了。

我的来访者特蕾莎，与妮可在很多方面都很像——害羞、细声细气，人格中似乎没有任何侵犯性，但她很擅长用近乎觉察不到的方式贬低他人，而这种贬低从表面上看似乎很友善。就像我的许多来访者一样，她来自一个混乱不堪的家庭。她们一家人过着一种近乎流浪的生活，母亲的情绪很不稳定，父亲与家人非常疏远。因此，特蕾莎在这个世界上从未感到过安全。她长大一些后，差一点患上了广场恐怖症，并且有着严重的惊恐发作。

在与特蕾莎一起工作的时候，我们逐渐发现，她把情感生活中的很大一部分投射到外界了，因为她很难忍受自己的情绪。在无意识层面上，她觉得自己的敌意是一个很大的威胁，她害怕一旦"承认"这种敌意，自己就会彻底崩溃。可以说，她把这种敌意投射给了世界。外部世界开始变得越来越有威胁，导致她过上了一种越来越狭隘的生活，她依靠这种方式来避免接触自己投射出来的敌意。有时，即使她待在安全的家里，那些感受也会威胁到她的意识，导致惊恐发作。

这种类型的焦虑，也就是担心被投射和不被承认的敌意回到自己意识里的焦虑，可能会导致人们穷思竭虑或产生强迫行为，以此来努力减少或控制这种焦虑。我会在第 9 章讨论这种防御。

投射与羞耻感

在上一章讨论对自我的理想化时，我提到了一个人，他总是设法在谈话中提到一些关于自己的事情，例如：他能赚多少钱（比你多得多），他认识某个重要人物（而你不认识），他刚刚结束了自己美妙而挥金如土的旅行（你绝对花不起这个钱），某人对他钦佩有加，他刚买了一辆新车，以及他上周参加了某个奢华的聚会，等等。

你可能很不喜欢这个人。你可能觉得他有些势利，喜欢卖弄。每当你与他接触时，他都会给你一种不高兴的感觉，就好像吃了什么难吃的东西。

理想化地看待自我并炫耀自己的优越性的人，也想让你对自己感觉不好——事实上，这就是他们这样做的目的。有时他们是故意的，但在更多的情况下，这往往是一种无意识的行为，他们试图伤害你的自尊，让你感到自卑。这种渴望自己看上去像人生赢家的人，身边需要有一个失败者，这样才能凸显他们的意气风发。有时他们会让你满心嫉妒，而你在与他们接触后，会很想骂他们——对所有愿意听的人嘲讽或贬低他们。有时，用"憎恨"来形容他们让你产生的感觉都不为过。

在电影《伴娘》（*Bridesmaids*）里，有一个叫海伦的角色，她很好地体现了这些特质。海伦是一个美貌的社交名媛，与一个富有的男人结了婚，她总是不断地提到自己认识的重要人物、去过的好地方、城里最好的饭店、最一流的设计师、最好的商店、举办新娘婚前派对的最佳场所——就好像她知道一切最好的东西。她尤其热衷于向与自己关系不好的安妮表现她的优越感。安妮是影片中的伴娘，而她的生活正处在低谷。

安妮恨海伦，因为海伦不断地让她觉得自己像个彻头彻尾的失败者。在影片的结尾，当安妮完成自我救赎，从自我厌恶的泥潭中脱身之后，海伦终于承认自己没有朋友，也没有人愿意与她相处，连她的丈夫都不愿意和她在一起。从表面上看，海伦像个人生赢家，而事实上，她的社交生活与婚姻都一片荒芜。海伦觉得自己是个失败者——这正是她想让安妮产生的感受。

海伦所投射的，以及那些虚张声势、自吹自擂的人所投射的，是自卑的感觉。他们在无意识中想要伤害你的自尊，想要让你满心嫉妒，想要让你显得不如他们，这样他们才能感到比你优越，在你之上。这些人往往过度热衷于竞争：对于他们来说，世界上只存在两类人——赢家和输家，两者就像被枷锁束缚在一起的两个相互对立的极端。

这些人会将"自己是输家"的感受投射进你的心里，试图让你觉得自己是输家，从而防止这种想法进入自己的心里。

"你是输家，而我恰恰相反，我是赢家！"

重点关注

投射是人类心理活动的一个侧面，具有非常重要的作用，它有许多不同的伪装，几乎能抵御每一种痛苦的情绪，所以这章只能介绍性地讲解这个庞大的话题。投射可能以如下方式出现。

需要与依赖

我认为，把情感上的需要与脆弱当作我们自身的"婴儿部分"，是一种很有帮助的想法。当我们在生活中以负责任的态度行事，照顾我们自己，满足自己的需要，或寻找合适的人来满足我们的需要时，我们会表现出自己更成熟、更像父母的一面。换句话说，我们是父母部分与孩子部分的结合体，这两部分都可能被我们投射进他人心里。

有些人无法忍受自己需要他人，他们有时会与非常依赖自己的朋友或伴侣建立关系，开始扮演"直布罗陀巨岩"⊖或"力量之塔"一样的角色。这些人似乎从不需要任何东西，而其他人总是很依赖他们，把他们当作父母一样的人。无疑，这些人自己在防御自己对需要的觉知。

他们可能会否认自己的需要，并且压抑自己对需要的所有觉知；与此同时，他们可能会把自己的需要投射进他人心中，而其他人必须替他们承担这些需要。最认同第 2 章中第 1 组和第 3 组陈述的读者会倾向于依赖这种类型的投射。

⊖ 直布罗陀巨岩（Rock of Gibraltar）位于直布罗陀，其北端邻近西班牙。该岩高达 426 米。人们称一个人是直布罗陀巨岩，是指这个人能给予他们安全感，能成为他们坚实的后盾。——译者注

相反，其他人可能会把自己成人或父母的部分投射进别人心中，并试图让那个人来负责照顾自己。你可能认识一些总是处于低谷的人，他们总是需要父母或朋友来拯救他们。看看，我把事情弄得一团糟——你必须照顾我，很显然我是个无能的孩子！最认同第 2 章中第 2 组和第 4 组陈述的读者可能会有这样的投射。

你可能会想到，"直布罗陀巨岩"和无助的"孩子"是互补的，他们往往会吸引彼此，建立高度稳定但不健康的关系。

你可能会在家庭或工作场所里看到类似的动力模式，如在父母与成年子女之间、同事之间、朋友之间。请留意不平衡或不对等的关系，在这种关系中，一方似乎总是比另一方更渴求、依赖对方。足够成熟的关系中的情感是相互的，双方都依赖彼此来满足自己的需要，并且也能反过来满足对方的需要。

情绪

当我们投射（不承认）我们无法忍受的情绪时，我们往往会找一个人来替我们承担这种情绪，就像健忘的吉姆的例子一样，他让妻子来承担良心的不安。在其他情况下，投射可能会变得更激烈、更"易燃易爆"：也许你认识的某个人会在压力之下发脾气，让身边的每个人都很难受。这样想可能会对你有所帮助：无论这个人年纪有多大，你都可以将他看作一个被痛苦淹没的孩子，哭喊着想要摆脱那种感受。

如果你身边有这样的人，你就会知道这有多难受：你可能会觉得与他相处很不舒服、很有压力，甚至会让你感到很受冒犯。如果你倾向于用这种方式摆脱无法忍受的情绪，那么其他人可能会躲避你。也许你觉得家人和朋友"搞不定"你,这在一定程度上可能是由于你依赖这种投射。最认同第 2 章中第 4 组陈述的读者应该尤其注意。

如果身边的人经常生你的气,而你并不理解他们生气的原因,那你可能在投射自己的愤怒。如果你经常迫使他人感到内疚,那你可能在逃避自己不愿面对的令你痛苦的责任。对第 2 章中第 3 组陈述最有同感的读者可能会有这样的投射。

自尊

一个人明显的优越感、轻蔑、沾沾自喜,以及傲慢和自鸣得意的态度,通常表明他把羞耻感投射进他人心里了。对美貌、成功、受人欢迎等的竞争性心态也说明了同样的问题。认同第 2 章中第 5 组陈述的读者会有这样的投射。

我会在第 11 章中详细讨论这些以及其他对羞耻感觉知的防御。

练 习

(1)请审视自己的一段亲密人际关系,思考自己的需要与依赖在其中起了什么作用。你可以选择与朋友、家人或恋人的关系,但最好不要选择与未成年的孩子或身患疾病的父母的关系。如果可能的话,请回想一段其中一人明显比另一人更需要或依赖对方的关系,或者你付出过多的关系。

- 是外部原因导致了这种结果,还是你的人格导致了这种结果?

- 如果你是更黏人的一方，那么处在这一位置给你带来了什么感受？当你需要对方的时候，对方会如何对待或回应你？
- 如果对方是更黏人的一方，那么当这种不对等变得明显起来时，你对他有什么感觉？你给予了那么多，相比之下得到的却微不足道，这会让你心烦吗？
- 请主动采取一些行动来让你们的角色互换。比如，如果你通常是更黏人的一方，那就做一些极度慷慨的事情，让你占据主动，让对方处在被动的位置上。不要要求任何回报。
- 如果你是"直布罗陀巨岩"类型的人，那就请你的朋友或伴侣为你做一些事情，让自己完全依赖对方来满足你的需要。不要只是像第 4 章的练习中那样求助，如果可能的话，让自己变得无助一些。
- 请关注自己的感受，留意可能出现的不适感。当你走出自己的舒适区，挑战自己的防御时，这项练习可能会引起一些强烈的情绪。

（2）第二个练习是专门为有焦虑问题或惊恐发作的人设计的。对于担忧如果自己不小心翼翼地行动，就会有坏事发生的人，例如有着穷思竭虑或强迫行为的倾向的人，这项练习也会有所帮助。

- 你害怕的究竟是什么？你可能已经开始害怕焦虑带来的痛苦了，但请看到更本质的东西。你的焦虑是否有一个关注点，即某种你决心避开的特定体验？
- 你能否想象自己最糟糕的噩梦出现的情景？请尽量详细地

描述这个情景。除了焦虑以外,你有没有其他害怕感受的情绪?

- 当你继续描述那个糟糕的情景时,你的焦虑水平可能会开始上升。在这个时候,请试着让自己进入另一个不同的幻想:你在参与某种具有侵犯性的活动。你可以幻想自己在与传说中的巨龙战斗,或者在揍伤害你的人的脸。试着用幻想来激起一些愤怒。
- 你能在焦虑与愤怒之间建立情绪的联结吗?在你心中,这两种情绪能产生某种联系吗?

(3)请试着回忆一次让你产生防御情绪的争执,比如对方试图让你感到内疚。如果你依然对那次事件怀有一些强烈的情绪,那会对你更有好处。

- 你是否有一种强烈的冲动,想要为自己辩护,并让对方难受?你是否觉得自己好像正在脑海中与他争执?
- 请回顾那次事件,你能否暂时放下自己的防御情绪,找出自己真的做错了的地方(至少在一定程度上做错了)?你是否对此感到内疚或羞耻?
- 如果是这样的话,请写下一段话来解释你究竟做了什么伤人、冷漠或错误的事情。不要提对方的责任,只写自己的行为。
- 如果你依然与这个人有联系,请试着与他真诚地谈一谈,为自己的行为负起责任,但不要说你对对方行为的感受,或者对方原本应该做些什么。

- 请注意你的感受，留意你们扮演的角色可能发生的转变。对方是否也承认了自己的错误，而不是一直试图让你感到内疚？

提 示

本章的练习鼓励你去挑战自己熟悉的角色，放下自己的典型行为。我们将在第三部分详细讨论如何解除你的防御，那时我们会着重强调挑战这些深埋于人格深处的防御。我们可能很难看见自己性格里的防御成分，它们是我们身份认同中非常核心的部分。

现在，我们先看看下面成对的角色，看看你的关系是否具有这种不平等的特点：

- 直布罗陀巨岩——无助的孩子
- 四平八稳——情绪过山车
- 总是对的——总是搞砸

不要只看极端情况，这些特征可能体现在细微之处，我们需要思索一番才能发现。

正如我之前所说的那样，当我们想要摆脱（投射）自己的某些体验——需要的感觉、强烈的情绪或羞耻感时，我们往往会找一个人来替我们"承担"这些体验。从现在开始，审视一下自己的关系吧，看看自己是否把某些东西投射进了对方心里。

第 9 章
控　　制

> 我只是个普通人，除了按照自己的想法生活，做自己想做的事，我别无所求。
>
> ——《窈窕淑女》(*My Fair Lady*)

迷信

著名的行为主义者 B. F. 斯金纳（B. F. Skinner）曾开展了一系列实验，他把饥饿的鸽子放在笼子里，给笼子安装了一个喂食装置，无论鸽子做什么，这个装置每隔一定的时间都会给鸽子喂食。斯金纳发现，鸽子会把喂食与自己在食物出现之前所做的事情联系起来，所以它们会一直做出同样的行为，这些行为往往既古怪又有仪式性，就好像这些行为与食物的出现有着某种因果关系。也就是说，鸽子相信它们能够通过自己的行为影响食物的出现。

斯金纳认为这些行为与人类的迷信类似，比如某些改变自己牌运的仪式行为。在原始部落的文化中，这种迷信是很常见的，许多泛神论宗教的信众会使用动物献祭等仪式行为来试图影响神明的行为。在现代的美国，许多职业棒球运动员也经常在击球前做出一些迷信的仪式行为。迷信无处不在。

许多人相信，如果在室内打伞，从梯子下面经过，或者看见黑猫，就会招致霉运，所以他们会通过避免这些行为来躲避灾祸。古人相信打喷嚏会使灵魂从鼻子里跑出来，而说一些恰当的话语能防止恶魔掳走受害者的灵魂。时至今日，我们当中的许多人仍然会在别人打喷嚏时说"上帝保佑"。

在你开始做某件很重要的事情之前，你是否曾交叉手指，让朋友祝你好运，好像你的手指和朋友的祝愿能影响事情的结果一样？

迷信说明我们渴望掌控这个不可预测的世界，我们渴望感到自己能对发生在自己身上的事情有一定程度的控制，而事实上，我们往往是非常无助的。如果我们相信交叉两只手指能带来好运，那这样做就能安慰我们，或者增强我们的信心。但实际上，这种做法与外部事件的因果联系，与斯金纳的鸽子做出的古怪行为对喂食间隔的影响大同小异。

无助与控制

无助的体验是痛苦的、难以承受的，试图控制我们的环境，减轻这种无助,是我们的自然反应。在位于"龙卷风走廊"[一]的各州,人们通常会建造防风地窖;加利福尼亚州的居民通常会在家里准备地震预防工具包;而在路易斯安那州,美国陆军工程兵团一直在对大坝进行维护,以预防洪灾。我们会尽力控制不可预测的环境,但事实上,我们比自己愿意承认的更加脆弱无力。

我们中的大多数人在生活中很难每时每刻都意识到这一事实。你无法在生活中的每时每刻都清楚地意识到自己无法掌控现实,无法预测接下来会发生什么。这也是遵循日常惯例和某些传统能让我们感到安慰的原因之一。惯例与传统让我们感到自己能在一定程度上预测接下来会发生的事情。在这个变化无常的世界上,井井有条的生活能为我们提供一定程度的慰藉。

我们可以把秩序、传统和惯例看作健康的心理防御机制——为了在这个很大程度上不可预测的世界里生存,我们对自己说了一些小小的"谎言"来逃避存在性焦虑。然而,如果走向极端,这些防御机制也会引发问题。

许多人的生活陷入了不可改变、毫无生气的惯例,以至于他们的体验失去了情绪活力。所谓的"洁癖狂人"通过严格地控制身边的环境来处理自己的焦虑,在这个过程中,他们经常把身边的人弄得心烦意乱。通过强迫性仪式行为寻求控制的人,常常被这些行为折磨得痛苦不堪。

有时,我们难以忍受的情绪是非常难以捉摸的:我们为什么有

[一] 龙卷风走廊(Tornado Alley)即位于北美大平原美国得克萨斯州西部和明尼苏达州之间的一条狭长地带,这片区域因发生在这里的大量龙卷风而得名。——译者注

这种情绪,是什么导致了这种情绪,以及它们会持续多久?在第 2 章中,我谈到过来访者莎伦,她用暴食和呕吐的方式发泄情绪,这是一种力求严格控制的仪式化行为。多年以来,我接触过许多自伤的女性:尽管自伤涉及的心理问题很复杂,但这些女性都试图通过割伤自己来对痛苦施加一定程度的控制。

> 如果我现在在这里割伤自己,我就能决定痛苦发生的时间,以及痛苦给我带来的感受。我想让痛苦持续多久,它就会持续多久。

与所有的心理防御机制一样,控制能帮我们管理无法忍受的情绪,但当它变得太极端或太根深蒂固时,它会制造一系列全新的问题。

依赖与控制

每当我们与其他人建立关系时,对方对我们而言就会变得重要起来,从而能够影响我们的感受。一旦我爱上了你,我就给予了你伤害我的巨大权限。如果你成了我的朋友,你就能用冷漠无情的行为伤害我的感情。即使是工作中的关系,比如你与上司之间的关系,也能引发你无法控制的深层痛苦。

人们结婚的一个原因就是希望在面对妒忌、对被遗弃的恐惧等可怕情绪时,能使生活有基本的可预测性。考虑到现代社会的高离婚率与婚姻的短暂,可以说可预测性只是一种幻觉,但大多数人依然渴望这种幻觉。当然，其他因素，包括情感因素与生物学因素，都会影响结婚的冲动，但对于在不确定性中寻求永恒联结的渴望起到了尤其重要的作用。

渴望依靠另一个人，依靠配偶、朋友或同事，是很正常的情感。但如果走向极端，渴望获得绝对的确信，就会导致我们通常所说的控制或占有行为。

妒忌的男人需要知道伴侣日程安排中的每个细节。

事无巨细的经理会试图管理每个雇员在工作中所做的事情。

想要占有你的朋友会试图知晓你生活中的每一件事，想要参与你做的每一件事。

也就是说，当我们对其他人的需要或渴望让我们感到无法忍受的无助时，我们可能会试图控制他人。你可能还记得布莱恩，我在第2章中提到过这位来访者，他娶了一个顺从的女人，并且私自安装了监控设备，监视妻子的一举一动。虽然他表现得控制欲和占有欲太强，但他至少想要与人联结，想要进入一段关系。还有一些人觉得这种脆弱是无法容忍的，如果他们早期（婴儿期与童年早期）的依赖经历告诉他们脆弱是不安全的，他们尤其可能这样想。为了避免这种体验，他们可能会完全拒绝亲密关系，过着与世隔绝的生活。

隐匿的控制

尽管我们都认识一些强势的人，他们会试图主动地控制身边的人，但还有一些其他的、不那么容易识别的控制。具体而言，有些人会通过自己的无助来控制他们的伴侣。虽然他们看上去极度黏人、无能，但他们往往有着一种未被意识到的、控制伴侣的幻想。他们可能在无意识中相信，通过自己无助的行为，他们能迫使伴侣承担照料者的责任，操纵伴侣给予自己想要的东西，不论是情感还是经济支持。

换句话说，看起来极度黏人、无助的人往往无法忍受真正的依赖，就像那些试图控制他人的人一样。他们都在防御对依赖的觉知，但采用的方式不同，一类人选择主动控制，另一类人通过隐匿的操纵来取得掌控。看上去像婴儿一样无助的人可能在无意识中相信他们完全掌控着身边的人，就好像这些人都是木偶。

我们的文化对女性有一种刻板印象，认为她们总是很无助，但事实并非总是如此。我早年接受培训的时候，曾接待过一个男性来访者，我暂且管这个年轻人叫特里。他有着严重的抑郁，并且曾经和一些愿意在经济上供养他的年长男性有过关系。我当时在低价咨询中心工作。即使我们的收费标准是浮动的，特里依然很难支付治疗费用。当他患上厌食症时，他试图操纵我，利用我的恐惧以及对他的担忧，迫使我为他免费治疗。

后来特里失业了，他说他付不起治疗费用了，我差一点就同意一周为他做几次免费治疗，但我的督导帮我理解了来访者与我之间的这种控制的动力模式。当我告诉特里他必须支付中心的最低费用（5 美元／次）时，他大发脾气，因为他无法控制我来照顾他。在与这位来访者接触的过程中，我学到了许多东西，尤其是藏在这种无助操纵背后的、对于真正的依赖的愤怒与恐惧。

我坚持了自己的立场。特里后来找到了另一份工作，但他又失业了。随着时间的推移，他学会了坚持做一份工作，并照顾好自己。

在我们的日常生活中，我们中的许多人会出演同样的戏码，但没有这么极端。

你是否曾答应伴侣要做某件家务，却"忘记"了，但你在私下里（可能没有意识到）希望其他人会帮你做这件事？有时，拖延的背后有着相同的动力模式，就是你希望自己拖得足够久，别人会替你做这件事。

你是否曾经一直对自己经济上的困境视而不见，以至于当你终于注意到问题的时候，你不得不让父母来帮忙？

难以保持房间清洁的男性往往怀着一种幻想，即"妈妈"总会帮他收拾：只要他耐心等待，就能迫使"妈妈"来帮助他。（我不是指那种不介意自己住在猪圈里的男人。我也认识一些邋遢的女人，她们在无意识中也希望有人来为她们打扫卫生。）

透过表面上的无助，你会发现这些人无法容忍真实的需要，并且怀有胁迫、控制的隐匿幻想。

自尊与控制

每当有人成为对我们重要的人时，他就能够影响我们对自己的感受了。如果一个我重视且尊重的人与我翻脸并排斥我，我的自尊就会受到伤害，无论我在一般情况下有多么自信。尽管人际关系会让我们在某些方面变得更强大，但它也会让我们变得更脆弱，并将影响我们自我感受的权力拱手相让。

因为我们是社会性动物，所以我们表现出来的人格必然会与他人产生关联，即使泛泛之交和陌生人也能影响我们对自己的感觉。如果你在第一次约会时发现对方并不像你一样对第二次约会那么感兴趣，你就可能会有些受伤。如果你把自己最喜欢的故事讲给在聚餐时认识的一个人听，而对方明确地表示你很无聊，你的自尊就可能受到伤害。

所有人都会在一定程度上管理他人对自己的看法。展示最好的一面意味着强调自己的优点。我们并不会顺其自然，而会强调自己最好的品质，从而控制他人对我们的印象。这是我想让你看见的我——我尤其想让你看到这些品质。特别是在求职面试的时候，留下好印象是很重要的，这种试图"控制"另一个人的做法是合理的。

当我们希望在聚会上结识一个人，我们大多数人会试图展示自己最好的一面。我会告诉对方我事业有成，我去年夏天去欧洲旅行，但可能不会提到我女儿从大学退学，让我担心得要死。想在陌生人面前有面子是可以理解的，也许也是正常的。

但是，如果你走向了极端，迫切地想要维持最好的形象，你就会不顾一切地确保他人钦佩你、羡慕你。你可能会过度夸张、歪曲事实，甚至撒谎。这是一种心理防御机制：看着我身上这些了不起的优点，这样你（和我）就永远不会看见我无法正视的那个自己了。出于防御的目的，努力控制别人对自己的看法，是自恋的核心。

我会在第 11 章 "对羞耻感的防御" 里详细讲述这种特殊的动力模式。

重点关注

除了伪装成无助的隐匿的控制以外,这种心理防御机制往往会显现为非常明显的性格特点,不难发现。我们中的大多数人会在一定程度上控制自身的体验,这是正常现象,但有些人过度依赖控制的心理防御机制。他们常被人这么说:

她真的很专横。
你为什么总是揪着细节不放?
你的控制欲太强了。
一切都必须按照他的想法来做,否则……
真是个有洁癖的人!

对控制的极度依赖往往会对一个人的人格产生决定性的影响。

需要与依赖

有些人会试图确保自己永远不会感到需要与依赖。在极端的情况下,他们可能会离群索居,完全逃避亲密关系。《窈窕淑女》中的亨利·希金斯(Henry Higgins)发誓他"绝不会让女人进入他的生活",有些人和他一样,不会让任何人太靠近自己,变得重要。他们不断打消可能建立关系的希望,或者与某人约会一段时间,在变得亲密起来之前就分手。

为了完全掌控自己的生活,过度依赖控制的人绝不会允许自己依赖另一个人,他总是保留"按照自己的想法生活,做自己想做的事"的权利。他可能会假装对人际关系漠不关心,发誓绝不结婚,但他其实是在逃避对无助与依赖的恐惧。

我不需要任何人。

我们通常把这种情况叫作"亲密问题"。如果你认为自己有这种问题,可能是因为你害怕一旦自己让某人在情感上变得重要,你就会失去控制。你害怕让自己变得脆弱会削弱你对自己感受的预测能力。在极端的情况下,这种防御也可能导致与亲友的疏离。如果没有重要的人,就不会有人能伤害你。最认同第2章中第1组和第3组陈述的读者可能会依赖这种防御。

在另一种极端的情况下,有些人会很快地建立依恋关系,并且很快就想对另一个人施加控制。我有一个熟人,他有着过人的自我觉察,他曾对我说:"我不交朋友,我只劫持人质。"你可能认识这样的人,他在遇见你之后,很快就想做你最好的朋友。这些人会变得很有占有欲,妒忌你的其他朋友。在某种程度上,他想占有你。

这种动力模式经常出现在有分离问题的家庭关系中。有些父母难以接受自己的孩子长大的事实,他们无法忍受分离的感觉:亲密感的丧失,对联结的渴望,自己对孩子的重要性的减弱,所有这些感觉都会在孩子要搬走的时候出现。为了逃避这些痛苦的感受,父母可能会试图控制孩子,阻止分离。

在恋爱关系中,如果有一方难以忍受分离,就会出现占有欲的问题。依赖与脆弱的感觉太可怕了,所以我们试图控制另外一个人。如果你是嫉妒心重、占有欲强的人,你很可能难以面对自己需要他人的事实，因为那会让你脆弱到令你自己无法忍受的地步，让你感到失去控制。当你与伴侣分离，又不知道对方在做什么的时候，你可能会感到深深的焦虑。为了控制这种感受，你可能会竭力控制伴侣（第 2 章第 2 组陈述）。

如果你的生活像是由一连串糟糕情绪组成的，而你总是需要他人帮你管理这些情绪，如果你生活中的重要他人总是觉得他们需要照顾你，那么他们可能一直在回应你的求助。你可能在无意识中利用了自己的"无助"，从而控制他人，迫使他们来拯救你。在不极端的情况下，如果你经常忘记做某件自己承诺要做的事，而你身边的人不得不为你的疏忽做出弥补，或者如果你总是逃避问题，直到某人介入，那么你可能也在无意识地控制身边的人，迫使他们替你应对困难。

情绪

过度依赖控制来管理情绪的人，可能看上去性情平和，或者也可能有些疏离。他们把自己的生活限制在高度结构化的框架内，几乎不允许有任何变数，从而让自己感到他们能够对自己何时会有什么感受了如指掌。如果你总是严格地遵循自己的惯例，不喜欢改变，如果你很容易被意外的事情弄得心烦意乱，你可能就在依赖控制来减少生活中意料之外的情绪。这种情况适用于认同第 2 章中第 3 组陈述的读者。

我们可以把强迫行为看作高度仪式化的例行事务，它们有着同样的目的，即控制无法管理的情绪，以及与之相伴的无助感。与强迫症状相伴的焦虑表明，你害怕自己的情绪失控，那些强烈的情绪会淹没你，让你无法承受。这些无意识情绪的性质可能不同，但有强迫症状的人总是害怕这些情绪一旦进入意识，就会变得令自己无法忍受。他们害怕的结果就是彻底的分崩离析——我们的语言很好地形容了这种感受。

> 当我听说那件事的时候，我当场就崩溃了。

如果你有一些不受意识控制的强迫行为，那么你可能在害怕某些无意识的情绪挣脱你的控制，这种控制就是你通过强迫行为施加的。

自尊

想展现自己最好的一面很正常，但是想方设法地控制他人对你的看法完全是另外一回事。如果你花了许多精力来控制自己给别人留下的印象，设法影响他人或炫耀自己，那你很可能在逃避羞耻感，其中既包括有意识的羞耻感，也包括无意识的羞耻感。最认同第2章中第5组陈述的读者极有可能在使用这种控制。

自我贬损的人会以相反的方式施加控制。对自我施加的贬损似乎经常带有引起甚至要求他人反对的意图：那不是事实！那件衣服你穿着很漂亮！你可能说过类似的话，但心里想的是：那个人是不是故意批评自己的外表，以便获得你的称赞？有时他们的确是有意这么做的，但更常见的情况是，他们为控制你反应而付出的努力是无意识的。这些人十分渴望赞美与认可，以至于他们无法等待别人的赞美。

有时深受羞耻感困扰的人可能会故意贬低自己,以免别人来贬低他们,他们用各种方式宣布:你不能说我是个失败者,因为我已经主动指出这一点了。虽然很难相信,但他们并非在试图控制你,让你反对他们说的话,其实他们是在试图控制一种预料之中的体验,那种体验会让他们崩溃。他们可能会憎恨自己,用言语来贬低自己,但这比从别人口中听到贬损的话语要好受得多。认同第 2 章中第 6 组陈述的读者有可能使用这种类型的控制。

练 习

(1)你迷信吗?仔细想想这个问题,不要太快做出回答。你可能偶尔会说,我不敢把话说得太肯定,因为这样一来,这件事就不会发生了。也许你买彩票的时候会认准一个幸运数字。你是否觉得自己是个幸运或不幸的人?你觉得什么因素影响或决定了你的运气?

(2)审视一下自己的生活,评估一下惯例对你有多重要。你是个坚守习惯的人吗?

- 当你的例行事务受到干扰的时候,你会心烦意乱吗?
- 若你制订的计划在最后一刻发生变故,你是否很难适应新的变化?

(3)如果其他人说你有洁癖,即使你自己不这么觉得,那就花几天时间,不要打扫卫生。你可以把盘子放在水槽里,第二天再洗;也可以把衣服挂在椅背上,而不是挂在衣架上。不要铺床。一定要留意你的反应,写下自己的感受。

（4）如果你是那种自然而然就主导一切的人，如果家人总是指望你来拿主意，那就花一两周的时间试着退居二线。如果其他人让你替他们做选择，那就拒绝他们。如果恰恰相反，你是那种总是向他人寻求指导的人，那就试着主动承担责任，哪怕只坚持几天。哪怕你不清楚最好的做法，也要强迫自己更果断一些。无论你属于哪种情况，都要仔细观察不熟悉的行为为何让你感到不适。尤其要注意你对自己及相关的他人产生了哪些不同的感受。

（5）回想一件让你感到非常无助的事情。尝试回忆当时确切的感受，尽量把细节写下来，如果你什么也想不起来，那就想象自己非常害怕、失去控制的情境。把那个场景写下来，细节越多越好。

- 在无助的时候，你曾（或者你会）如何安慰自己？
- 什么东西能使你感到没那么失控？

（6）思考控制在你与朋友、家人和伴侣的关系中起到了怎样的作用。

- 在这些关系里，谁最有控制力，他们如何使用这种控制？我们很容易注意到专横的人，但有些被动的行为代表了一种隐匿的控制，看看你能否在自己或他人身上发现这种行为。
- 如果你已经结婚，或正在谈恋爱，在你和你的伴侣中是否有人对性生活更有控制力？是否通常由某一方来决定性爱的时间与频率？

- 如果是这样的话，试着交换角色。如果你更有控制力，试着让伴侣来做决定。如果你比较被动，可以考虑在提出性爱的时候更主动一点。

提 示

与上一章一样，这里的练习鼓励你挑战自己习惯的角色，走出舒适区。识别行动中的心理防御机制不会导致改变，如果你想要成长，就需要让洞见发挥作用，并选择实施不同的行为。我会在第 13 章中更详细地讨论选择的重要性。

现在，你可以从仔细审视生活中的惯例，探索打破惯例会有何感受做起。从小事开始：如果你每天都吃一样的早饭，那就试着做一些不同的食物。如果你每周都看一样的电视节目，那就去看看电影，读一本书，或者去散散步。不要做那些最让你舒服的寻常的事，试着面对未知。留意自己的新感受。

然后，你可以把步子迈得大一点，做一些完全不符合你性格的事情，一些让你感到脆弱和失控的事（当然，不要做危险的事）。在我年轻的时候，单独外出吃饭或看电影会让我感到非常焦虑。做出改变，选择做不同的事情是需要勇气的。

第 10 章
"思考"

迈克尔：没有人能不靠合理化挨过这一天，它们比性爱更重要。

——《大寒》(*The Big Chill*)

在某种程度上，我们当中的大多数人都会在"脑子里"与自己对话，这种对话在许多方面更像是独白，而我们管它叫思考。对于大多数人来说，这种在脑海里流动的话语在他们作为知觉生物的自我觉知中占据了核心地位。

笛卡尔说，"我思，故我在"：我对自我的感知，一定程度上来自我脑海中流动的话语。思考似乎是一个建设性的过程，这当然没错。如果没有思考，人类就不能对世界做出创造性的反应，不能获得重要的发现，也不会有新的发明创造，等等。思考能让我们在展开切实的行动之前，先在想象中迈出探索的步伐，这往往能避免我们犯下可怕的错误。许多古老的明智忠告建议我们三思而后行。

跳跃前先看清前路。
先想好，再讲话。
仓促行事，后悔莫及。

这些俗话传达了一个理念，即思考作为一种想象的行动，能让我们免于痛苦与悔恨。思考大概是人类最有价值的工具。

但是，有时思考像是在与我们"作对"，变成了一件讨厌的事情，甚至一种折磨。你是否曾因为大脑止不住地胡思乱想而无法入睡？你是否曾纠结于某件事情（与朋友的争吵或重要的职业选择），即便在不愿去想的时候也想个不停？思考是一种强大的工具，但有些时候，没完没了的思考就像折磨一样。

如果说思考往往代表着一种内部的对话、我们对自己的实况解说，那么问题来了：如果我们对自己说的话其实是错的，那该怎么办？有时思考会变成一种内在的谎言，让我们远离丑陋的真相，或者掩盖痛苦的现实。在这种情况下，我们其实把思考当作了一种心理防御机制。

本章将探讨思考作为心理防御机制的两个主要的例子——合理化（rationalization）与理智化（intellectualization），并且会在结尾部分阐述思考的整体过程是如何成为心理防御机制的。

合理化

> 别自欺欺人了!
> 别这样,现实点儿!
> 你只是在骗自己而已。

当我们认为别人在自我欺骗时,我们有许多表达方式可以使用,上面只是其中的几个例子。对方可能告诉了我们一些事,解释了他对某件事情的看法,而我们相信他说服自己接受了某种观点,在很大程度上是因为他想要相信这种观点,而不是因为这是事实。我们可能会管这叫一厢情愿。我们认为这是自我欺骗的心理过程,是在用言语思维来维系谎言。

有时,这种谎言是在为某种情绪、动机或行为辩解,试图使其看起来合理或可以接受——也就是说,我们在找借口,因为我们其实感到有些不安。

> 下载那张 CD 的盗版复制品是没关系的,因为我是个穷学生,而那些贪婪的唱片公司那么有钱,它们不会在乎的。

当我们不想为自己的所作所为承担全部的责任时,就会为自己的行为找借口,也就是说,我们会把自己的行为合理化。

> 我的那篇论文之所以得分那么低,是因为老师不喜欢我(不是因为我不够努力)。

我们可能会找出符合逻辑的原因来解释自己的行为，使其显得非常合理，但实际上，我们这么做是由于某些我们不愿承认的感受在驱使我们，我们甚至不愿意向自己承认这些感受。

我去买那件新衣服，是因为我要去参加简的聚会，而我没衣服穿了（不是因为我知道我那个负心的前任会去，我想看上去既漂亮又幸福，就好像我一点儿都不觉得羞辱一样）。

就像本章开篇的《大寒》选段中迈克尔所说的那样，我们都会使自己的感受和行为合理化。这是日常生活的一部分，如果没有一定程度的自我欺骗，我们的生活会很艰难。我们经常对自己说，一切都会好起来的，这是在逃避丧失与后悔的感觉。我们会说"事出有因"，但实际上，生活在很大程度上是随机而不可预测的。合理化能使我们觉得自己生活在一个有序的世界里，这个世界依照某种上天的旨意运行，但这个宇宙其实是随机的，痛苦的产生经常是毫无缘由的。

在我们的日常生活中，合理化对我们的自尊也有着重要的作用。黛安娜升职了，而我没有升职，是因为她冷酷无情、野心勃勃，把老板给骗了。相信这种说法，而不接受黛安娜比我更适合这份工作，感觉会好很多。比起我，布兰迪更喜欢戴维，是因为戴维很有钱，还有一辆高档汽车。然而，也许布兰迪只是觉得戴维更有趣也更有吸引力而已。

通常来说，这种合理化不是一种很强的防御：我们并没有把真相隐藏得太深，只要得到一点点帮助，只要有人摆出事实，同时不让我们觉得被批评或被指责，我们就可能在短暂的挣扎后承认事实。

理智化

合理化的心理防御机制为特定的事实创造了貌似可信的解释，而理智化试图排斥所有的不安情绪。我们可能把前者看作偶尔对自己说的善意的谎言，而后者是一个不断运作的系统，代表了一个不断为自己编织的弥天大谎：这里没有不安的情绪，只有不带感情的思维。合理化是一种间断的、偶尔为之的防御，而理智化无处不在，决定了一个人的整体人格。

西格蒙德·弗洛伊德从没使用过"理智化"这个术语，不过他很清楚我们可能会将思维过程用作防御。他的女儿安娜·弗洛伊德（Anna Freud）在她的著作《自我与防御机制》（*The Ego and the Mechanisms of Defence*）中，用了整整一章来讨论"青春期的理智化"（Intellectualization at Puberty）。她认为，"青春期儿童在智力、科学、哲学方面的兴趣代表了他们在试图掌控驱力与相互联系的情绪"，她认为这种努力在青少年时期是相对正常的。㊀

如果你像我一样成长于 20 世纪 60 年代晚期，看着《星际迷航》（*Star Trek*）长大，或者如果你看过相关电视重播、电影续作或 DVD，那你肯定熟悉斯波克先生（Mr. Spock）这个角色。他是半个

㊀ Anna Freud. *The Ego and the Mechanisms of Defence* (1936); (London: Karnac Books, 1993), p. 172.

瓦肯人○，几乎无法有意识地感受到任何情绪，会用强大的理性应对所有情况。他与柯克舰长（Captain Kirk）截然相反，后者经常受到激情的驱使。斯波克先生可能比流行文化中的所有其他角色都能说明理智化，以及它是如何塑造一个人的整体性格的。

有时人们会说这种人很理性，或者我们可能会说他总是活在"头脑里"。我认为，从注意力以及我们将注意力投往何方的角度来思考理智化是很有用的。将体验理智化的人把许多注意力投入了大脑的思维中，因此注意不到身体里发生的变化。

关注身体的感觉能帮我们意识到自己的感受。眼眶湿润、胸口发紧、呼吸颤抖——这些感觉让我知道自己很悲伤。但如果我过于关注自己的思维，就可能注意不到这些感觉，从而对自己的情绪一无所知。即使我的确捕捉到了某些悲伤的情绪，我依然可能会很快地让注意力远离身体感觉，投入思维中去，从而远离自己的情绪。

也就是说，理智化是一种大量的、持续的努力，其目的在于将注意力从产生情绪的身体转移到没有情绪的理智中去。

早熟

过度依赖理智化的人往往是那些想要赶快长大的人，因为早期家庭生活让他们觉得，当一个小孩、需要他人、受情绪的控制实在是太危险了。虽然并非总是如此，但早熟的孩子可能会进入虚假成熟的状态，以逃避年幼的体验。他们会发展出一种理智的自我，这

○ 瓦肯人（Vulcan），《星际迷航》中的外星智慧类人种族，以信仰严谨的逻辑和推理、去除情感的干扰闻名。——译者注

种自我与情绪体验是脱节的。如果孩子的父母很有成就，并且希望孩子符合自己理想化的期待，那么孩子可能会觉得自己没有做小孩的自由，不能拥有正常的恐惧和其他情绪起伏，而这些本是成长的一部分。

长大成人以后，这些早熟的个体可能会觉得自己是个冒名顶替者。他们会梦见自己在教室里，准备参加一场自己没有复习的考试，或者赤身裸体地出现在社交场合，这说明他们在无意识中害怕自己老练的理智只不过是个假象。尽管他们的语言表达极其流畅，卖弄概念的能力无人能及，但他们觉得只有自己的"外在"长大了，而在这个表面之下，藏着一个脆弱的孩子或婴儿。

许多年以前，一个来访者给我讲了许多她梦境中的意象，这些意象足以说明她的理智化以及她在防备什么。在梦中，她看见一个身穿白色实验室工作服、头戴学位帽的男人，他摆弄着一副大大的黑框眼镜（让她想起了卡通片中发明了时光机的科学家皮博迪先生）。在实验服之下，他穿着一件纸尿裤。也就是说，科学与理智为她提供了一条出路，逃避外表之下的可怕的"婴儿"情绪。

你可能认识某个人，他用高度理智化的方式看待世界，就像斯波克先生一样，很少对任何事怀有热情，时刻保持着客观的态度。这类人在无意识中很害怕自己无法预测、难以控制的感受，他们为了逃避感受，躲进了没有情绪的思维领域。

防御性思维的总体过程

在虚假成熟的例子中，孩子躲进了早熟的智力发展中，这种行为反映出了一种否认：我不是幼小、无助、幼稚的孩子，我其实懂得很多，也很成熟。在这种情况下，智力和言语能力过早地得到了发展，但与真实的体验产生了脱节，这种现象是对体验的防御。语言具有自己的生命力，人们往往觉得语言具有某种神奇的能力，能抵御或消除痛苦。

我的原生家庭里有着这样一个传说：我刚开始开口讲话，说出来的就是完整的句子——没有儿语，没有牙牙学语。在心理治疗中，我的治疗师推测说，这是我在表达自己对幼小和幼稚的厌恶：我想要一下子就变得像个大人，不愿意经历漫长的、真正的成长过程。我的语言能力的早熟，也是我对母亲的抑郁症做出的反应，她的疾病让我感觉受到伤害、无法承受：通过掌握文字与语言，我觉得自己能有所掌控。我认为"思维"帮我逃避了无法忍受的痛苦与困惑（既包括母亲的困惑，也包括我的）。

因此，我总是过分重视言语的流畅，总是生活在我的头脑中；在头脑之中，我总是被流动的内部言语裹挟。上学的时候，我写的论文总是看上去很成熟老练。我很善于理解概念，总是能利用概念来让人信服，但语言和思想的领域与我的个人体验相去甚远，完全脱离并否认情绪。

多年以来，我的许多来访者来接受治疗的时候，都表现出了相似的防御。每当我听到有人谈论关于自己体验的深刻洞见，却让我感到失去联结、无比疏远的时候，我通常能识别出这种防御的过程。对于这些人来说，他们的"理解"，也就是所有的言语思维，都与真正的意义相背离，其目的在于逃避这种意义，尤其是其中最让人痛苦的部分。你可能会把这种做法看作某种内心的诡辩。通过这种方式，我们不断地用似是而非的观念和论点来欺骗自己，隐藏真相。

有时候，言语思维也具有自己的生命力，它会永不间断地防御无法忍受的情绪，最终，这个思维过程会变成一种折磨。所以我认识的许多来访者都谈到过无法入睡的痛苦，因为他们的思绪总是不肯停歇。我认为这种动力模式是多种失眠背后的原因。强大的心理防御机制往往都是如此，它们最初只是保护我们的方式，但其自身变成了一种问题：痛苦造成的困扰，比不上我们为防御痛苦而采取的做法造成的困扰。

内在的痛苦的确能解释为什么解除言语防御、让内心安静下来对大多数人来说都无比艰难：放下所有的防御就意味着对痛苦敞开心扉，发现这些年自己一直都在逃避什么。如果你常采用合理化的防御方式，放下就意味着挑战你偶尔对自己说的善意的谎言。如果你将言语思维用于理智化防御，放下则是一项更为艰巨的任务，它要求你反思自身的整个性格结构，以及你有生以来的行事方式，学着大大地减少思考，从而感受得更多。

重点关注

合理化很容易发现，但理智化与"思考"较难以识别，因为它们无处不在，深深地铭刻在我们的性格结构中。

需要与依赖

当一个减肥的人打破自己的饮食计划时，合理化往往就会出现。

> 今天工作很辛苦，我今晚吃点冰激凌是应该的——只吃一小碗。明天我多运动运动就好了。
> 我太饿了，如果一直这样下去，我会彻底打乱自己的饮食计划的。稍稍放松一点其实能帮我坚持计划。

我们都知道需要或想要某件东西的感觉，也知道意识到这种渴望却无法得到满足有多艰难。即使我们很想减肥，饥饿也是难以忍受的。我们会把自己打破长期计划的行为合理化，从而满足眼下的渴望。也就是说，我们会对自己撒谎，以便立即得到自己想要的东西。最认同第2章中第2组陈述的读者可能会以这种方式运用合理化的防御。

有着多种成瘾问题的人经常用这种方式对自己和身边的人撒谎。酗酒成瘾者是出了名的不诚实，他们会对自己和自己爱的人撒谎，他们主要依赖否认，但也会运用合理化来避免意识到喝酒带来的糟糕后果。除了自己以外，我没有伤害任何人，这是酗酒者经常对自己和其他人撒的谎。

他们也会试图淡化自己问题的严重性，让问题看起来像是"正常"的。

> 每个人都有些毛病。没有人是完美的。
> 今天压力太大了！喝酒能帮我撑过下一场会议。
> 喝酒能帮我放松、入睡，这样我明天的状态会更好。

总而言之，当我们的长期目标或价值感与需要即刻满足的愿望相抵触时，合理化往往会出现。我们试图用谎言掩盖我们真正的动机，或者我们行为的真实结果，从而避免需要未得到满足的痛苦。如果你不断地为自己的物质滥用问题找借口，如果你打破了自己的节食计划或没能坚持为自己的目标努力，你就可能在运用合理化。

与此相反，当我们得不到自己想要的东西时，合理化也会出现。《伊索寓言》中狐狸与葡萄的故事就说明了这个过程。反正葡萄可能是酸的——这种合理化代表了我们为了逃避无法忍受的渴望、嫉妒或后悔而对自己撒的谎。若有一个女人自认为不在乎某些令人失望的事情，因为她有非常合理的原因，这说明她在通过合理化的解释消除失去的痛苦。若有一个男人用合乎逻辑的话语解释他绝对不想处在他朋友的位置上（而从客观上讲，这位朋友的处境非常令人羡慕），这说明他用合理化消除了自己的嫉妒。如果你对第2章中第1组陈述最有同感，那你可能会以这种方式运用合理化。

无意识中害怕亲密的人，可能对逃避亲密的行为有着非常合乎逻辑的解释。他们迫切地想要逃离情感依赖，于是将这种冲动合理化，并用貌似可信的原因隐藏自己的恐惧。

在我想清楚我这辈子想做什么之前，我不能与人交往。

在我准备好安定下来之前，随便约会是很正常的。我不想误导任何人。

有些人忙于事业，从事非常需要分析性思维的工作，他们可能会过度投入工作，热衷学术研究、诉讼案情摘要、化学成分和定量分析，他们没有为情感关系留下任何空间。他们可能相信自己要在事业上取得成功，就必须一心一意地投入其中，即使他们不完全排斥恋爱，也很难去建立关系。

把"思考"和理智化当作主要心理防御机制的人可能完全活在自己的头脑中，以至于他们与身体几乎完全失去了联结，很难注意到自己的需要与渴望。他们可能看上去"干巴巴"的（一位来访者说这些人"没有滋味"），显得很理性，甚至没有性偏好。在无意识的层面上，他们可能觉得对性的需要与欲望很可怕。如果你没有性欲，对人与人的接触不感兴趣，并且主要生活在自己的头脑中，那么理智化可能就是你的主要防御之一。

对于最认同第 2 章中第 3 组陈述的读者来说，理智化可能在他们的人格中表现得最为明显。

情绪

合理化往往会给我们不守承诺的借口，或者会表达出我们在意识里不会承认的敌意。最认同第 2 章中第 4 组陈述的读者可能喜欢用这种防御。

> 在我看来，如果有人要来我家吃饭，仅仅是因为他答应过要来，而不是真心想来，那我宁愿让他待在家里。我会取消聚餐，哪怕是在聚餐前一分钟取消。
>
> 可能她觉得我很残忍，但如果不告诉她事实，那就更残忍了。做人应该以诚信为本。

父母最爱说的那句话也表现了这种防御：这是为了你好。

有时的确应该以诚信为本。尽管孩子经常觉得不公平，但父母做的事情也往往是为了他们好。可是，我们有时只是用这种合理化来掩盖真实的动机或感受。在上面举的3个例子里，说话的人可能（在无意识中）觉得：

我不在乎我承诺了什么。约翰给我打了电话，我今晚更愿意见他。

我很想因为她前两天说的话而报复她。

我对你已经没有耐心了，我有那么多需要没有得到满足，我讨厌这种情况。当父母的一天闲工夫都没有！

合理化让我们不必承认所谓的负面情绪——愤怒、憎恨、嫉妒、怨恨、自私等。我们把这些情绪排除在我们的故事以外，取而代之的是我们对自身行为的理性解释。有时你会发现这种合理化，因为虽然你不断地重申这些理由，但始终感到有些怀疑和内疚，你可能觉得需要不断地为自己辩解。我会在第三部分中详细地讨论许多心理防御机制的这一特点。

理智化试图逃避所有的人类情绪，正如我在前文中所说，我们发现它会成为显著的人格特征。理智化的人害怕强烈的情绪，他们倾向于逃避所有可能激起那些情绪的情境与人际交往。这些冷淡、疏远、冷漠的人害怕强烈情绪带来的压力。然而，"思考"的现象可能在某些时候更为显著。以我为例，当我压力很大或很难过的时候，我的思维就开始高速运转了。当我觉得"太难了"的时候，这就是我的应对方式。一不小心，那天晚上我就会睡不着觉。

听起来熟悉吗？

每当思维的语速加快、音量升高，这就说明某些痛苦的感受即将压垮你，而你正在试图躲避这种情绪。

自尊

当我们说出或做出让我们感到羞耻的事情时，合理化可能非常有用。我们每个人都会用理性来消除"内疚"。

> 我帮了她一个忙——她最后会感谢我的。
> 他是自讨苦吃。
> 归根结底，我完全有权利说出来——我完全没必要感到内疚。

正如前文所说，我们会向自己重复合理化的话语，以便稳固防御。如果你发现自己在一遍又一遍地解释自己为什么不应该感到羞愧或内疚，那就要注意了。

当我们用理智化来防御羞耻感的时候，我们可能会因为聪明的头脑而有优越感，并且用这种优越感来抵消内在的（无意识的）羞耻感。认为自己比所有人都聪明，因此也更优越的人，往往会显得傲慢、居高临下（想想电影《社交网络》中的马克·扎克伯格）。他在自己的聪明才智中寻求庇护，通过鄙视他人来增强自己的防御。他可能会在知识的辩论中异常激动，觉得自己务必要证明那些笨蛋是"错的"。

我会在下一章讲到，防御羞耻感的人往往会试图让别人感到羞耻。如果你经常轻蔑地看待他人或对他人缺乏耐心，不断地惹恼他人，如果你迫切地需要赢得每场辩论，那你的理智化可能就是针对无意识羞耻感的防御。最认同第 2 章中第 5 组陈述的读者应当留心。

练 习

（1）留出半个小时的时间，关注自己的内在思维过程。也就是说，在你思考的时候，注意你在想些什么。这个练习只是为了让你成为一个有意识的自我观察员。

- 你的思维是否主要以言语形式呈现？你的思维与内在的独白有多少相似之处？
- 你觉得自己能控制在你心中流动的话语吗？你能随意开始和停止它们，或让注意力聚焦在自己选择的任何主题上吗？
- 现在，试着让内心安静下来，也就是说，看看你能否让思维的话语停止。将注意力转移到身体上，关注那些可能发现情绪的地方：脸、肚子、喉咙、躯干。
- 你能坚持多长时间再使思维再度开始活动？当内心安静下来的时候，你能注意到哪些具体的身体感觉？这些感觉是否让你不舒服？

（2）选择一个没有太多事情要做的日子，进行一次短暂的断食，比如少吃一两顿饭，不要吃零食；除了水或果汁以外，什么都不要吃。当饥饿开始出现的时候，请注意观察。你有没有试图通过合理化来打破这次断食的计划？你有没有找到非常合理的理由来为自己吃东西开脱？

（3）如果你觉得自己对某些事物成瘾，比如物质成瘾或性成瘾，那就在你满足自己之前，试着比平常坚持得更久一点。

如果你坚持得足够久，你就会对自己试图通过成瘾行为来逃避的体验产生新的领悟。

这也可能揭示你在心中为习惯辩护的方式。仔细倾听你的思维过程，倾听头脑中出现的话语。为了屈服于习惯的力量，你是否为自己找到了借口，或者想出了完美的理由？

（4）遇到烦心的事情后，如果你发现自己在反复思考这件事，请试着让心中流动的话语停下来。看看你能坚持多久。这与我之前让你在其他练习中做的不同：

- 不要描述你的体验。
- 不要写下任何东西。
- 不要试着理解或弄懂你的感受。
- 只要注意自己的感受，用非言语的方式留意自己处于这一感受时的非语言表现即可。如果你觉得这项任务太难了，也不要灰心。

（5）试着回忆一次你对某人表达强烈的情绪或发脾气，但事后又不断试图为自己辩护的经历。

- 请写下对自己的行为详细而符合逻辑的解释。请把自己逼到极限，尽可能多地写下对自己行为的辩解。
- 现在，想象某人正站在对立的立场上与你争论，解释为什么你的每条辩解都不成立。你想要为自己辩护吗？
- 暂时假设不存在合理的理由，此时你有何感受？

（6）你是否十分看重你的智力，或者尤其为自己的表达能力感到自豪？

- 你如何看待没有你聪明，或表达能力没有你强的人？
- 你还记得自己在情急之下显得表达不清或无法清晰思考的时候吗？那样的经历给你带来了什么感受？
- 你是否曾因为有人与你的观点不同，就故意让他显得很愚蠢？请用尽可能多的细节描述你对那个人的感觉，以及他持有的观点。
- 现在想象自己处在对方的位置上。发挥你的想象力，试着进入对方的感受，让他的情绪变成你的情绪。
- 如果你能感觉到他的羞耻或羞辱，你就可能理解自己在试图逃避的感受。

提 示

根据我的经验，我们大多数人都会在一定程度上使用本章讨论的心理防御机制。因为思维的过程是个体意识的核心，所以如果我们要发现我们对自己说的谎，那么对自己的思维抱有一定的质疑精神是至关重要的。本章的练习能帮助你习惯这个质疑的过程，并且鼓励你把自己的注意力重新从头脑转移到身体。在第三部分，我会更详细地讨论"定位"感受的过程。

虽然你可能会用同样的方式完成第二部分的所有练习，但你需要特别努力地总结这次的体验，让它变成你日常生活的一部分。我们依赖自己的思维过程，借助它为我们使用的所有防御辩解，这就像一种后备的、次级的防御。因此，理解那些思维，质疑它们的正确性，就是放下防御的起点，我们会在本书的最后讨论这个话题。

第 11 章
羞耻防御

> 有一个女人……她的内心丑陋至极,如果不能把外表装扮得美艳动人,她就活不下去了。
>
> ——《七宗罪》(*Seven*,1995)

在本书描写的所有痛苦情绪中,深层的羞耻感是最让人痛彻心扉、难以忍受的。我对羞耻感及其来源的观点可能与人们通常的看法不同,所以在描述针对羞耻感的最常见的防御之前,让我们先简要地谈谈神经生物学以及早期的婴儿发展,进而澄清这些观点。

刚出生的时候,我们人类极其脆弱,必须依赖父母的帮助才能长大。我们的成长过程取决于他们如何回应我们的身体、情感需求,而我们在来到这个世界上的时候,对于这些回应有着先天的期待。温尼科特将这种遗传称为"关于常态的蓝图"(blueprint for normality）㊀。当我们的父母做出恰当的回应，与这个蓝图一致时，我们就会感到很自然、很舒服、很好，这种回应会让我们对世界怀有安全感，对自己内在的美好怀有安全感。正如我在第 3 章中所说，这种体验会形成自尊的核心。

但是，如果父母的回应与蓝图的差距太大，比如说，假如他们的行为导致了情感虐待或创伤，那么婴儿就会感到出了某些严重的错误，并且觉得这个世界很不安全。在深层的直觉层面，婴儿知道自己的发展出了差错。他感觉不到自己内在的美好，这个虐待他的、给他带来创伤的环境让他产生了一种内在的缺陷感和丑陋感。

我将这种深层的内在缺陷感称为基本羞耻感。在基本羞耻感体验的核心，往往存在着一种无意识的感觉，这种感觉像是一种内在的丑陋感，即我们相信，如果他人真正"看见"我们，他们就会因为轻蔑与厌恶而远离我们。

乍看起来，我在说羞耻感（shame）这个词的时候，指的是一种非常生僻的意义，但这种说法其实反映了这个词的第 2 种含义：落空的期待。

真可惜，雨天把我们的野餐计划给毁了。（It's a shame the rain spoiled our picnic.）㊁

在设想接下来的一天时，我们的脑海中有一个计划，其中包含

㊀ D.W. Winnicott. The basis for self in body. In *Psycho-Analytic Explorations*, ed. C. Winnicott, R. Shepherd and M. Davis (London: Karnac, 1989).
㊁ shame 这个词在英文里还有"落空的期待"（disappointed expectations）的含义，此时，它可对应中文里的"遗憾"或"可惜"。——译者注

我们对野餐时享受的乐趣的幻想。当现实没能满足我们的期待时，我们管这叫可惜（shame）——这与该词的原始意义不同，但相关。对于发展中的婴儿来说，当父母虐待他或给他带来创伤的时候，他对养育环境的先天期待就落空了。这种体验的确属于这个词的第2种含义——可惜，而且会导致这个词的原始含义所代表的感受——羞耻感。

阿兰·舒尔（Allan Schore）[⊖]和其他神经生物学专家的研究考察了父母对婴儿的回应对婴儿大脑发育的影响，尤其是对与感受和社会功能有关的脑区发育的影响。研究者将成长于情感匮乏环境中（也就是说，父母一直没有按照婴儿的先天期望来回应他们）的两岁幼儿的大脑扫描图像与成长于最佳环境中的幼儿进行比较后发现，前者的扫描图像显示出的神经元数量、神经元之间的联结远远少于后者。

换句话说，如果成长的环境远远偏离"关于常态的蓝图"，不能提供婴儿所需的情感回应，婴儿大脑的发育就会产生异常，这种现象就像童年期的维生素D缺乏症（佝偻病）可能阻碍骨骼发育一样。两年之后，那些发育异常的大脑就会产生终生的影响，你永远无法为这个关键时期的不良养育做出弥补。

对于佝偻病来说，如果没能弥补缺乏的维生素D，就会导致终生的骨骼损伤。与之类似，如果父母不断地在情感上让婴儿失望，婴儿的大脑终生都会带有这种损伤，这种损伤主要体现在自我价值感及与他人建立情感联结的能力方面。

⊖ Allan N. Schore. *Affect Regulation and the Origin of the Self*: *The Neurobiology of Emotional Development.* (Mahwah, New Jersey: 1994).

基本羞耻感是对内在缺陷的觉知（往往是无意识的），这种感觉存在于我们内心的最深处。

从主要心理困扰（第2章）的角度看，这个理念可以阐述为：为了在出生后正常发展，我们需要父母来满足我们的需求，帮助我们在充满爱意和快乐的关系中学会管理自己的情绪，并且对世界产生安全感。无论是在情感层面上，还是在神经系统的层面上，这些都是我们茁壮成长所需的条件。当我们的父母无法做到这些时，我们就无法正常地发展。凭借直觉，我们在内心深处知道，我们的成长出了问题，这让我们产生了一种感觉，即我们身上有些地方不对劲。

刚出生的时候，我们不需要一个完美的环境，用温尼科特的话来说，只要这个环境"足够好"就行了。当我们的成长环境越来越偏离"足够好"的标准，变得越来越受限，为我们带来越来越多的创伤与虐待时，这些缺陷就会对我们的发展造成越来越大的影响和损害。基本羞耻感会随着环境的恶化而变得强烈：早期体验中的缺陷越多，缺损感就越普遍，甚至变得无处不在，基本羞耻感也是如此。孩子终生都会背负着这样的感觉。

即使早期环境中不存在虐待，也没有很大的创伤，但是当父母在重要的问题上令我们失望时，我们依然可能产生一些范围有限的羞耻感。也许母亲与孩子之间的边界是模糊的，也许母亲难以忍受分离。母亲可能会深陷焦虑与抑郁，这些情绪限制了她满足婴儿需求及其他方面的能力。在这种情况下，环境介于"足够好"与"极度匮乏"之间，我们成长所受的损伤可能没那么严重，我们的羞耻感和内在的丑陋感也没有那么强烈，我们对那种体验的防御不会主导我们性格的各个方面。

以我的经验来看，许多人都有这种小范围的羞耻感。

深陷基本羞耻感的人，通常会依赖3种常见的防御来逃避对羞耻感的痛苦觉知：自恋、指责与轻蔑。㊀在从事心理治疗工作的经历中，我发现这三者经常同时出现，所以我将这3种防御结合起来，并将它们与羞耻感联系在一起。自恋是针对（无意识）羞耻感的主要防御。许多在这种羞耻感中挣扎的人都很难承认错误，反而倾向于指责他人。他们把自己内在的丑陋感以及对这种感觉的轻蔑投射至外界，投射进他人心中。我会依次讨论这3种防御。

对羞耻感的主要防御

本章开篇的引文描述了一个逃避内在的丑陋感，在外表的美丽中寻求庇护的人。在奥斯卡·王尔德（Oscar Wilde）的著名小说㊁里，道林·格雷（Dorian Gray）的肖像画（隐藏在公众的视线以外）反映了他丑陋的内在自我，而他的外表却永远保持着青春与惊人的俊美。在欺骗性的美丽外表之下，藏着一个真正丑陋的人：这是基本的自恋防御。内在很可怕，但外在很完美。

尽管我们更熟悉那种过度看重自己的外貌，想得到他人赞赏或

㊀ 在安娜·弗洛伊德所说的最常见的心理防御机制中，你是找不到这三者的，不过指责可能会被看作一种否认。（"我没有问题，错都在你。"）梅兰妮·克莱因把轻蔑看作一种防御，但她认为轻蔑针对的是对需要的觉知，而不是羞耻感。在海因茨·科胡特的基础上，安德鲁·莫里森（见前文的引用）的确深入地探讨了自恋——对内在羞耻感的反应，不过他对羞耻感的理解与我在这里表达的观点有着本质上的区别。

㊁ 《道林·格雷的画像》（*The Picture of Dorian Gray*）。——译者著

青睐的自恋者，但也可能有这样的人，他们使自己在公众面前的人格面具理想化，从而逃避羞耻感。我在第 7 章中举了几个例子，讨论了理想化的心理防御机制。无论是在财富、成功、名望、风雅，还是在魅力方面，许多人都想表现得很完美。他们似乎在说，看看我吧，我什么都有！佩服我吧，嫉妒我吧！而在他们的阁楼里，更确切地说，应该是在地窖里（无意识里），藏着一个丑陋的、满心羞耻感的自我，他们永远不想让你或任何人看见这个自我。

在我的网站和 YouTube 视频里，我经常用电影《阿凡达》（*Avatar*）来比喻逃离羞耻感，躲避到理想化自我中去的过程——这个自我在很大程度上是虚构的或虚假的。就像弗洛伊德使用了那喀索斯（Narcissus）的神话（一个希腊年轻人爱上了自己的倒影）来阐述他命名为"自恋"的心理现象，我用阿凡达的故事来阐明针对羞耻感的主要防御。

在电影开始的时候，杰克·萨利（Jake Sully）的脊髓受了重伤，半身不遂。他无法再作为海军陆战队的战斗人员服役了，于是自愿参与了前往潘多拉星球（Pandora）的特殊军事任务。在那里，他借助神奇科技，学会了与一个"阿凡达"建立身体联结，也就是进入另外一个作为潘多拉星人的实体化自我的体内。

与他受损、瘫痪的自我不同，这个阿凡达非常健康、矫健，有 10 英尺⊖高，有着远超人类的体魄与感官能力。成为阿凡达不仅让杰克重获了他失去的能力，还使他得到了超越人类的潜能。后来，他在潘多拉星的经历变得比他的真实生活更真实、更有意义。在电影的结尾，他设法超越了自身的躯体残疾，永久地留在了这个更加

⊖ 1 英尺＝30.48 厘米。

优越的纳威人[1]自我的体内。

戴维

就像杰克·萨利一样，我的来访者戴维也渴望得到全新的、更加优越的身份认同，来隐藏受损的自己。许多年前，在网络聊天室和电子公告栏刚刚兴起的时候，他就非常热衷于网络上的"恋情"。戴维当时三十五六岁，是个身材矮小、微微发胖、相貌平平的男人，他极度自卑。他的家庭背景令他困扰：在十八九岁的时候，戴维的母亲自杀了，而他在母亲去世后不久就从大学退学了。他一直没有找到任何有意义的事业，在他的成年生活的大部分时间里，他要么接受父亲与继母的供养，要么做一些低端的零售工作。

虽然戴维对于联结有着深深的渴望，但他从没有成功地建立过任何长期或短期的恋爱关系。相反，他总是把目光放在那些遥不可及的人身上，在他口中的"上流同性恋者"的社交世界中，这些人是极有魅力、极其成功的男人。戴维经常与这种人建立屈从的关系：他会试图通过为他们"做事"来赢得他们的爱与好感。无一例外地，这些人会利用戴维，让戴维产生怨恨的情绪。最后，他们之间会爆发针锋相对的冲突，最终他们的友谊通常会破裂。戴维是个非常不开心、非常孤独的人。

当他发现网络聊天室的时候，他设法成了自己一直想做的人（至少是在幻想中）。在网络上，他完全歪曲了自己的真实形象，我认为这是匿名的网络"恋情"中的常见现象。在网上，戴维比真实

---

[1] 纳威人（Na'vi），即潘多拉星人。——译者注

的自己更年轻、更高、更瘦，他有着一份令他充满激情的事业，开着一辆完全不同的车，有着自己的房子，等等。网上的戴维拥有一切。

这些恋情通常会从网络转移到电话上，在电话里"见"这些陌生人，通过长达数小时的通话来了解他们，能给戴维带来许多快乐。之后，他们会约定见面的时间，而戴维会在最后关头改时间，尽可能地推迟见面。最后，戴维会不再回电话，完全消失在对方的生活中，或者，他会满怀羞耻地坦白，请求取消见面的计划。

戴维背负着深重的、无法承受的羞耻感。因为他无法面对羞耻感，无法面对他对于自身缺损的感受，所以他觉得自己不可能与人建立真实的关系。相反，他逃离了那个丑陋、缺损的戴维，变成了有魅力的、成功的、网上的戴维。就像杰克·萨利一样，他离开了受损的自我，逃到了全新的理想自我中去。

在一定程度上，戴维能够意识到自己在逃离自我。更加成功地运用自恋防御的人可能意识不到他呈现给世界的自我是虚构的、虚幻的，是对内在缺损的否认。戴维在心底知道自己无法一直伪装下去，因为他捏造了太多有关自己的虚假信息，<u>一旦与网友见面，他的谎言就会被戳穿</u>。其他的自恋者可能会更加成功地欺骗他人与自己。

普通的自恋 vs. 防御性自恋

在弗洛伊德最初开始讨论自恋的时候，他把自恋看作精神疾病的征兆，一种对他人失去兴趣或渴望，转而将这些感受指向自我的表现。后来，他逐渐理解了自恋也是正常人类体验的一部分。

关注自己，重视自己，确信其他人也会重视自己，是一种很健康的心态。普通的自恋正是自尊与自信的核心。当自恋走向极端时（也就是说，当自恋的性质变成防御的时候），它就会变成傲慢与自负。普通的自恋是对个人价值不言自明、理所当然的信念，防御性自恋与此不同，它始终要证明某些事情。

自恋者可能会感到自己需要不断地展示某种优越感。他们在不断地与真实的或想象的观众打交道，这些旁观者必须满脸羡慕或敬佩地看着他们。这些自恋者可能会通过行为或言语，用微妙的方式（有时可能会直白地）表明你不如他们：我比你聪明，我赚钱比你多，我认识许多你不认识的重要人物，我比你更有趣、更有吸引力、更性感、更有魅力，等等。

因为否认羞耻感和内在缺损需要外界不断给予支持，所以自恋者会要求你的关注。看着我！听我说！你可能更熟悉那些炫耀自己身体的自恋者，他们把自己的身体放在舞台的中心，用他们的外貌吸引他人。但自恋者有许多不同的类型：

在社交方面很无趣的人总是不断地谈论自己，对其他人没有任何兴趣。

极度外向的人往往很有魅力，他们用有趣的故事主导谈话，不一定会让自己显得很优越或很有吸引力。最重要的是他们会让自己待在舞台的中心。

有些艺术家或运动员总是不断地展示自己的才艺，要求你的认可。

对于所有的自恋者来说，他们的目标都是独占他人的关注。因为他们在无意识中觉得自己是缺损的、丑陋的、无价值的，所以他们会要求他人关注他们，钦佩他们。

以羞耻感为动力的超我

在羞耻感中挣扎的人往往期待自己表现得很完美，从而逃避并驳斥自己的内在缺损感。他们要求自己十全十美，一旦他们没能达到这个标准，他们就会攻击自己。

你肯定熟悉超我（superego）这个概念。弗洛伊德将这个观察、评估并批评我们的自我部分命名为超我，它是我们的道德与价值观的声音。弗洛伊德用德语创造了这个新术语——Über-Ich，这个复合词是由两个日常用词组成的，它的含义差不多可以理解为"在上面的我"（Over Me），因为它给人的感觉是，上面好像有某种东西在看着（批评）我们。英文译者一如既往地选了一个听起来更科学的名称，他们提出了"超我"这个译法。

这个词现在已经进入了我们日常生活的词汇表，成了我们对于人类心理的共同认识的一部分。当有人说"严厉的超我"时，我们大多数人都很清楚他在说什么。在羞耻感中挣扎的人往往有着非常残酷（而且有着可怕的完美主义）的超我。未能达到完美标准的代价就是残酷的自我憎恨，这种自我憎恨是对自己的完全否定。

用更加接近真实体验的话来说，我们感觉自己就像：

- 彻头彻尾的失败者
- 毫无价值的废物
- 该进垃圾堆的残次品

羞耻感会再度回归，让我们痛不欲生，与之伴随的自我厌恶让我们的感觉变得更糟。对于有着自恋性防御的人来说，这种体验的痛苦是无法忍受的。为了逃避或逃避这种痛苦，他们会更多地采用心理防御机制。

指责

羞耻感与指责的结合是非常普遍的。力图表现得完美的人总会因为羞耻感的回归而感到威胁，他们很难接受任何听起来像批评的话语。因为"失败"或不完美的代价是残酷的自我憎恨，所以他们会抵挡所有的批评，将指责的矛头转向他人。

我的来访者霍莉非常依赖这种防御，在她与丈夫埃里克相处的时候尤其严重。在吵架之后（吵架通常是由霍莉的敌意与挑衅行为引起的），霍莉会花好几个小时回顾刚才的争执，心里对埃里克充满了指责，她会细数埃里克的所有错误，并且对他进行全面的人格诋毁。

在内心深处（在无意识中），霍莉为自己挑起争吵的"疯狂"行为感到羞耻和内疚。在治疗的时候，我们把这个主题探讨得很全面，以至于我可以用非常简略的方式来指出这个问题。我会用夸张而愤愤不平的声音叹一口气，就好像是从她的角度说话："这就是埃里克！"她很难承认自己在这些争吵中的责任，因为她已经为此深感羞耻和自我厌恶了。

霍莉用非黑即白的方式看待这个问题：要么她是完全正确的，都是埃里克的错；要么她是个不可理喻的疯子，我们不如破罐子破摔,把她从马桶里冲下去算了。和所有残酷的完美主义者一样,她很难相信成长会逐步地发生。很长一段时间以来,在经历中学习这个概念对她来说毫无意义。

大多数有着严厉、完美主义意识的人,都很难相信我们可以随着时间的推移,一点一点地成长。就像霍莉,他们不愿承认失败,很难承认自己的行为有多伤人。因此,他们也很难通过自己的经历来学习,相反,他们会一遍又一遍地重复相同的自我挫败行为。

轻蔑

我的另一个来访者伊恩是一个正在接受培训的心理治疗师,他会很认真地听取我对他做出的评论,并且经常说:"可是我怎么知道你说的是不是对的?也许你是对的,也许从其他的角度来看我并没有问题。"从表面上看,这些话似乎是中性的,但在另一个层面上,我能感觉到他对我怀有很大的轻蔑。

伊恩经常用自己的理解来回应我说的话,他说话时会带有居高临下的语气,以及难以觉察的、不怀好意的笑容。有时他的语气好像把我当成了一个傻瓜。我经常以有失体面的形象出现在他的梦里——衣衫褴褛、肮脏邋遢,或者肢体畸形。他无法觉察到自己的羞耻感、内在的缺损感与丑陋感,恰恰相反,他把我变成了一个可悲的失败者。

你可能认识伊恩这样的人,他们觉得自己比身边的人都强,很擅长让你觉得自己像个白痴。对于这种顽固的自恋者来说,保持完美的形象通常意味着凌驾于他人之上,意味着证明自己是战胜了那些失败者的赢家。这种自恋者的竞争心极强。他们需要不断地证明自己是胜者，从而证明自己比所有人都好。与这种竞争性相伴的是自鸣得意、优越感，以及对他人的轻蔑。

通过战胜他人，自恋者"证明了"他成功地摆脱了自己不想要的羞耻感。轻蔑地看待他人、羞辱失败者能够巩固他理想化的自我意象。从前几章的角度来看，我们也可以说自恋者否认了自己的羞耻感，并将其投射进了另一个人心里，从而战胜了自己的羞耻感。

最后的防御手段

当羞耻感完全主导了我们对自己的感受时，当我们觉得深层的缺损感无处不在时，常用的心理防御机制往往就帮不了我们了。我们可能觉得无法通过撒谎来缓解痛苦、抵御现实。就像我的来访者大卫一样，这样的个体可能会在幻想中逃避，但从不试着实现这种幻想。他们会从人间消失，躲进书籍与电影里，通过替代性的满足，仅凭自己的努力逃离羞耻感，丢下受损的自我。你可以把这种行为当作一种隐匿的自恋形式。

这些人身上的羞耻感让他们不堪重负，他们也经常与强大的自我憎恨做斗争。他们认为自己应该成为想象中的完美、优越的自我，但这种理想的自我意象让他们痛苦不堪，不断地因为自己没能达到这个标准而残酷地攻击自己。他们好像只能想象出两种可能性：低劣的、有缺损的失败者，他们感觉自己正是这种失败者，以及他们渴望成为的理想而完美的人。要么做一个美好的人，要么就成为一个丑陋的怪胎。要么做一个有智慧的人，要么就做一个愚蠢的人。他们也用相同的方式看待外部世界，认为世界上只存在两类人：赢家和输家。

尽管这样的人有时看起来没有防御，总是深陷在羞耻感与自我憎恨中，但他们的完美主义代表了一种最后的防御手段：尽管我是个卑劣的失败者，但至少我知道鄙视自己。我不是一无是处的蠢货，至少我能接受自己的真面目！贬低和辱骂自己的内部声音其实表达了他们对自己的轻蔑——与本章之前讨论的轻蔑相同，都是针对羞耻感的防御。

这个概念可能有些难以理解。在心理治疗中，我的来访者会讲述残酷的完美主义给他们带来的巨大痛苦，就好像他们生活在一个腐败而严苛的政权的残酷统治之下。要帮助他们看见这个残酷无情的独裁者是他们自我的一个方面，是一件颇具挑战的事情，他们的这部分自我不但完全否认自身的缺损，还要求自己做到完美。

我是一个高高在上、藐视一切的神明，对那个可悲的失败者，我只有无限的鄙夷！

他们拒绝接受这样的现实：他们必须做好真实的自己，面对自己的羞耻感与缺损，从最基本的层面上开始成长。这种彻底的自我排斥与自我憎恨带有完美主义的性质，是针对羞耻感的最后防御。

重点关注

尽管本章的内容可能会让认同第 2 章中第 5 组和第 6 组陈述的读者产生最强烈的共鸣，但不论人们使用什么心理防御机制，许多人都有羞耻感的问题。小时候，即使父母或其他重要他人没有羞辱我们或让我们感到羞耻，我们（经常是在无意识中）也会知道自己受到了伤害，这种伤害会让我们满心羞耻。在我的实践工作中，几乎每一位来访者都不得不在某些时刻与羞耻感做斗争。

需要与依赖

受到羞耻感困扰的个体可能会为自己的需要感到尴尬。他们可能会觉得渴望某些东西是有些可耻的。因为他们觉得自己是有缺损的、无价值的，所以他们很难维持亲密关系。他们也可能会与虐待他们的人建立关系，那些人会用侮辱和贬损来"证实"他们的羞耻感。人们常说这些个体是没有自尊或自我价值感的（第 6 组陈述）。

与此相反，对羞耻感严防死守的人可能会寻找低自尊的伴侣，让他们来替自己背负羞耻感。也就是说，缺损的、羞耻的自我被投射进了另外一个人，而那个人就成了这种赢家 – 输家关系中低劣的一方。

在这种关系里，优越的一方可能怀有我在上一节里描述的那种自我憎恨，而他们背负与表达这种自我憎恨的方式可能是难以被发现的。有着优越感的伴侣可能会鄙视有依赖问题的人，他们可能会责备伴侣的软弱与黏人。对第 5 组陈述最有同感的读者就倾向于建立这样的关系。

情绪

对于深陷羞耻感的人来说，一般人可以忍受的情绪，例如嫉妒或妒忌，会变得非常有害。这些情绪通常会经过伪装再出现。恶毒的嫉妒可能会伪装成令人腻味、不真诚的赞美，或者伪装成自我贬损的比较，最终让听者感到厌烦。嫉妒的人可能会对自己嫉妒的人进行幽默的、无伤大雅的挖苦。你能发现其中的嫉妒，是因为这些评论虽然是幽默的，但让人觉得扫兴、带有敌意。

对于自尊极低的人来说，一旦别人因为某件事情感觉良好，就会让他感到难以忍受的痛苦（第 6 组陈述）。看见其他人拥有幸福、充满爱意的关系，他们可能会产生痛苦的妒忌。他们可能会避免与这些人来往，从而逃避那些痛苦的情绪。这可能让他们孑然一身，或者只与那些不会让他们感到嫉妒或妒忌的人来往。

悔恨的感受也可能变得难以忍受。因为与羞耻感斗争的人对自己有着残酷的完美主义期待，所以他们会在犯错或不小心伤害他人的时候突然失去所有的自我价值感。在他们看来，只要面对自己的错误，他们很快就会变得既卑劣又没有价值。虽然他们有时会为自己辩解，但他们通常会因为失败而攻击自己。

相比之下，防御严密的自恋者可能会试图引起他人嫉妒、妒忌或内疚的痛苦感受。他们希望引起他人的嫉妒和妒忌，不仅是为了使自己相信自己拥有一切，也是为了摆脱那些痛苦的情绪。一个人试图炫耀某些财产或特质的"显摆"行为往往代表了其对他人的投射，这样一来，其他人就必须替他背负所有他不愿意接受的情绪（第 5 组陈述）。

自恋者无法忍受悔恨，必须永远正确。这样的个体会不断地试图让伴侣、家人和朋友在每件事情上都感到内疚，就好像在对他们进行人格的控诉：你应该感到内疚，因为你是个很糟糕的人。

自尊

本章的全部内容都在关注羞耻与自尊的问题。虽然我在此专门讨论的三大主要困扰与认同第 5 组、第 6 组陈述的读者有关，但许多读者都会在一定程度上在那些描写中看到自己的影子。

练 习

由于羞耻感是一种极度痛苦的体验，所以你可能会觉得这项练习比之前的练习更困难。这项练习可能会唤起比其他练习更多的阻抗。

如果你这次坚持不下去了，请务必以后回来把练习做完。无论如何你也不能放弃这项练习。

（1）试着回忆你感到羞耻感一闪而过的时刻：你的脸颊和头皮突然开始发热，很不舒服。你可能会看向别处，或觉得无法维持目光接触。你可能想要立即消失。这些就是羞耻感的身体表现。

- 什么事情让你产生了这样的感受？是不是这件事让你觉得好像某些关于你的真相被揭穿了，而你不想让其他人知道这个真相？
- 请描述一下你认为被揭露的真相是什么。你是否觉得被揭露的是自己性格或综合素质的消极面？
- 你生活中有没有这样的人，他们让你觉得，与他们相比，你很糟糕——不是因为他们说的话或做的事，而仅仅是因为他们的存在？他们身上的什么特点让你产生了这种感受？

（2）在生活中，你是否会用赢家和输家的思维方式来思考？

如果会的话，你如何看待自己，你是赢家还是输家？你如何定义"赢"？你对另一类人有什么感受？

（3）在你下次去参加聚会或者处于其他会遇见陌生人的社交场合时：

- 密切关注你介绍自己的方式。我们中的大多数人都想展示自己最好的一面，但如果你发现自己做得过了头，如果你注意到自己隐瞒了很大一部分实情，试图让自己的生活显得比实际上更好，那就说明，事实的全貌会让你觉得尴尬或羞耻。保护敏感的隐私是一回事，但呈现过度粉饰的自我，以至于几乎是在撒谎，就是另一回事了。

- 你隐瞒了什么信息？想象自己把这些信息告诉了某个你刚刚遇见的人。吐露这些信息会给你带来什么感受？在你的想象中，对方会对你所说的话做出什么反应（即使他想隐藏这种反应）？

- 听听其他人描述自己的方式。你可能会遇见这样的人，他会把自己的生活说得很美好，或者竭力想表现得好像自己拥有一切。你会对他有什么感受？你会努力抵御自卑感吗？你会感到嫉妒吗？

（4）当你与朋友、同事或伴侣争执的时候，要你承认错误有多难？很多人都会觉得这个问题很有挑战性，所以不必对自己太苛刻。

- 看看你能否想起这样的一件事：你在指责别人，却无法摆脱一种感觉，即自己可能才是有错的一方。你真的错了吗？
- 你知道正确对你来说为什么那么重要吗？承认错误会对你产生哪些威胁，你会有什么感受？
- 你是否曾经撒谎隐瞒某些让你感到羞耻的事情，并且义愤填膺地为自己的清白辩护？如果真相大白，哪些有关你的事情会被揭露？除了被"发现"或被惩罚以外，你是否害怕被揭露的事情会让你感到羞辱？

（5）你是否曾有轻蔑或鄙夷的感觉？

- 试着回忆几个你对他人或他人的行为产生这种感觉的时刻。把当时的情境写下来。
- 把这些情境列成一个清单，看看你能否从中发现最能引起你轻蔑情绪的人格特质或品质。
- 为什么这种特质会那么让你讨厌？
- 你能想起自己可能表现出这种特质的时候吗？请努力地想！你自己身上是否有一些你真的很鄙视的特点？

（6）你是否有一个残酷的内在声音？如果有的话：

- 写下这个声音对你的所有批评。它对你有什么期待？
- 如果你能满足那些期待，你会成为什么样的人？请描述那样的自己。那个人是不是完美无缺的？
- 想象自己就是这个残酷的内在声音，而不是它的受害者。请试着发现那种充满鄙夷的优越感，那种对人性的缺陷（比如另一个你的问题）嗤之以鼻的优越感。这样会让你觉得有力量吗？这样会让你觉得自己像个赢家吗？

提 示

你现在应该对羞耻感在你情感生活中的作用以及你用于抵御羞耻感的防御有了一般性的了解：你想要他人关注、嫉妒或钦佩你；你采用了指责和轻蔑的防御方式。

伴随着羞耻感的是我们对自身缺损的认识。你现在已经读完了第二部分的所有章节，希望你能发现一些有关自己的意外之处，这样一来，你可能会发现，羞耻感不像以前那样经常出现了。你也可能认为自己的问题比原先以为的更多，害怕自己永远都不会改变。

不要灰心。接下来的部分会教你如何运用这些新知识，如何识别运作中的防御，并学着放下这些防御。与此同时，请记住，每个人都在与情绪带来的痛苦做斗争，每个人都会依赖自己的防御来逃避痛苦，而很少有人有足够的勇气去观察自己的内心，并挑战那些防御。

你已经有了长足的进步，这说明你很有勇气。现在我们来看第三部分。

Why Do I Do That

第三部分

解除无益的心理防御

僵化或根深蒂固的防御往往会阻碍我们成长，甚至会让我们付出沉重的代价。放下防御，找到应对痛苦的有效方法，我们才能过上更加丰富多彩和心满意足的生活。

第 12 章

改变始于接纳的心态

自由的代价是永远保持警惕。
——托马斯·杰斐逊(Thomas Jefferson)

即使我把各种心理防御机制解释得清清楚楚,你也勤勉地做完了前面章节的所有练习,你依然可能会有些吃不消。你惯常的自我概念可能受到了极大的冲击。我希望你今后能用不同的方式来思考自己和他人:一旦你熟悉了心理防御使我们免受痛苦的作用,人类心理与关系的世界就会显得更加复杂,也更加丰富,更有质感,更吸引人。

与那些传授某种具体技能,帮你应对某个具体问题的自助手册不同,本书的目标是拓宽你的视野,让你也学会一些心理动力学治疗师的本事。为了从这些全新的理解中充分获益,你必须经常,如每天运用这些领悟。你需要关注你的反应与防御方式,关注你面临的情绪挑战，以及你对这些挑战的典型回应方式。

读完第二部分的章节，做完其中的练习之后，你在心里应该已经绘制出了一幅地图，这幅地图可能还缺乏一些细节，但已经标注出了你的主要心理困扰的领域：

- 你对需要与依赖的感受。
- 你应对强烈情绪的能力。
- 引起你羞耻感的敏感话题。

通常哪种心理防御机制能最有效地使你免受痛苦呢？你应该对此有了一些基本的认识。

防御的惯性

心理防御机制不会仅仅因为你发现了它们而自动消失。它们是你多年以来养成的心理习惯，深深地"蚀刻"在你大脑的神经联结与通路里。这些防御越是根深蒂固，这些神经通路也就越稳固。我喜欢把防御比作繁忙道路上的深深的车辙。每当前路难行，让你心烦意乱时，你就很容易陷入这些车辙。也就是说，你会使用这些旧日的防御，就像车轮陷入真正的车辙里一样。

为了远离这些车辙，你要么驾车前往另一种情绪的领域，要么找一条不同的路继续前行。不过，即使你学习了其他的技术，留下了新的车辙，旧车辙依然能造成你的困扰，因为它们存在的时间更长，多年的车来车往让它们更深。

一向如此。

我在讨论羞耻感的时候曾说到,如果主要照料者严重缺乏为婴儿提供情感滋养的能力,婴儿大脑的发展就会出现持久的异常现象。因此,对于成长于这种环境的人来说,他们的人格与心理防御机制终生都会带有这种早期经历留下的痕迹。你无法用所谓的恢复化学平衡的药物来治疗这种问题,因为大脑的结构已经发生了永久的改变。你无法通过学习一套自我肯定或认知行为的技术来战胜它,虽然这些方法可能会提供一些真正的安慰。

这不是说真正的改变是不可能的。我的治疗师经常对我说,你永远无法摆脱你心灵中的任何东西,你只能不断成长,发展你自己的其他方面,为那些问题做出补偿。通过反思与努力,你可以建立新的神经联结,这些联结能在一定程度上抵消已经造成的伤害。有关神经可塑性(neuroplasticity)的研究发现,在成年期,大脑依然有着惊人的成长与发展能力。

真正、持久改变的心态,始于承认这个事实:彻底的治愈与完全的转变是不可能的。只有通过充分地了解自己,发现自己有困难的方面,以及形成自己应对困难的典型方式,你才能开始成长。只有这样,你才能培养出新的技能与能力,帮助你在情绪世界中更好地前行。

保持警惕

你也需要关注自己,尽可能地持续关注自己。在本章开篇的引文中,托马斯·杰斐逊指出,我们需要保持警惕以保护来之不易的自由,这个道理也适用于心理与情绪的自由。你永远无法平静地面对最困难的情绪挑战。你永远无法战胜羞耻感，将其永远地抛诸脑后。当常见的情绪诱因让你失去分寸时，你的第一反应会是用熟悉的方式来防御。

只有保持警惕，不断地关注自己，观察自己常用的防御如何运作，然后尽量选择不使用这些防御，你才能动摇它们对你的控制。只有通过反复做出不同的选择，你才能养成新的习惯。西格蒙德·弗洛伊德以及许多心理动力学理论家逐渐认识到，只有领悟是不够的。在心理治疗中，顿悟的时刻会让你感到很有力量，能拓展我们对自己的理解，但不能自动地带来改变。真正的改变依赖于你做出的选择，依赖于你在这一生中不断做出的选择——这是下一章的主题。

就像所有的技能一样，培养持续关注自己的能力需要时间。只有通过不断的努力，你才能磨炼自己的技能，就像只有通过每日的练习你才能成为一名更出色的音乐家一样。

干扰的来源

如果你的注意力总在自己以外的事物上，你就无法识别自己的防御。现代生活中充斥着干扰，我们几乎可以一整天都不关注自己的内在。职业与家庭生活必然会占用我们大量的注意力，但还有无数潜在的消遣活动会妨碍我们的自我探索。

- Facebook 网站
- iPod 里的音乐

- 电视剧与电影
- 新闻
- Twitter 网站
- 逃避现实的小说
- 电子邮件与短信
- 购物
- 工作的要求
- 生活伴侣

每个人都需要娱乐。在承受了一整天的压力之后，我们都需要通过某种娱乐来恢复精力。你需要在那些必要的娱乐与必须关注的事情之间留出一些空间。

在某种程度上，干扰本身也是一种心理防御机制。我们不断地用电视、音乐、电子邮件与网络来让自己分心，从而使注意力远离那些我们宁愿不知道的事情。我们把痛苦掩埋在许许多多的感官噪声之下。培养改变的心态，意味着在这些噪声中开辟一个安静的空间，让你能看见自己的情绪。

麻醉剂

除了让注意力远离自己的感受以外，我们还会用合法或非法的物质来让自己的感觉变得麻木。你可以把药物和酒精看作后备的心理防御机制，在我们内部的防御不能完成它们的任务时，我们就会用药物和酒精来缓解痛苦。有时候，我们需要让自己的思绪远离烦恼，这些麻醉剂也许就能帮我们分忧，就像那些干扰因素一样。过度依赖这些物质会让你无法形成更加有效的应对策略，因为对痛苦的觉知已经被消除了。

即使没有人告诉我们，我们大多数人也知道自己对药物或酒精的使用是否过度，以及我们是否应该减少用量。如果你对自己的做法有挥之不去的怀疑，如果你觉得其他人会反对你的做法，或者，如果当有人拿这个话题开玩笑时，你想为自己辩解，那就需要注意了。你不一定需要完全戒除这些物质，但如果你不断地麻醉自己，以此来消除痛苦，你就无法学会应对痛苦的更好方法。

拥有改变的心态，意味着减少你对药物或酒精的依赖，让你能够注意到自己的痛苦，以及自己应对痛苦时所用的心理防御机制。

正念

近年来，公众逐渐认识了正念（mindfulness）与正念冥想（mindfulness meditation）。正念最初是佛教中的概念，是开悟的 7 个因素之一，随后被纳入了西方心理学，成了缓解多种心理与身体症状的方法，其中包括焦虑症与强迫症。

佛陀建议我们对自己身体的功能、感觉、情绪以及思想与知觉保持平静的觉察，从而在日常生活中达到正念的境界。在冥想练习中，你通常会把觉知聚焦在某个身体部位的体验上（通常是你的呼吸），每当你发现自己走神的时候，就轻轻地让注意力回到这个体验上来。在佛教的学说中，这种冥想练习的最终目标是一种开悟，修行者会克服愤怒与憎恨等情绪，这些情绪不会再出现在他们心中。

我的经验告诉我，愤怒与憎恨是不可避免的、普遍存在的人类体验，所以我认为这一目标过于理想化。与此同时，我认为正念的技术在辅助我的工作时能发挥无比宝贵的作用，对我自己和我的来访者都大有裨益。我的一些来访者认为冥想练习有用，但更多的来访者最终选择了我的做法——在一天中多次回到对呼吸的觉知，并且尝试让自己与流动的思维语言分离，或者让这些思维完全安静下来。

将"思考"作为主要防御的人（第 10 章）或者依赖指责来逃避羞耻感的人（第 11 章），尤其容易沉浸在流动的思维语言中，并被其裹挟。我们深陷在言语思维的过程里，所以我们完全意识不到这个过程的存在。在一天中多次让注意力回到呼吸上，能有效地将我们从那些流动的思维语言中拉出来，让我们与之保持一定的距离，让我们能够感觉到那些语言的流动，而不被思维的滚滚洪流卷走。

现在就试一试吧。读完这一段和下一段文字后，把书放下，专注在自己的呼吸上。感受胸膛的起伏。当空气进出你的鼻孔时，留意鼻孔的不同感觉。（在吸气时，我感觉鼻孔很凉。当我把空气从肺里呼出来时，鼻孔又很温暖。）扩张自己的觉知范围，将身体的其他部位囊括进来，留意你的各种感觉。如果你是坐着的，你可以感觉背部靠在椅背上的压力。如果有微风拂过，你可以留意气流接触皮肤时的感受。

看看你能让这种安静的觉知维持多久，才会受到自己脑中思维的干扰。在来访者第一次尝试正念的时候，他们往往只能坚持两到三次呼吸的时间，就会再次陷入言语思维中。这其实是一件挺难的事。当你发现自己的注意力远离呼吸的时候，就把注意力带回胸腔或鼻孔，轻轻地离开那些流动的言语。这不是失败，不要批评自己！

这个练习的目标不是要做到完美的正念，而是拓宽我们对自身感觉的觉知，并且后退几步，从另一个视角来看待那些会卷走我们的思维洪流，也就是说，与它保持一定的距离。我们可以不时地让自己跳出思维的河流，站在河岸上，观察我们的想法不断地流动，一个接一个地从我们眼前飘过。当然，我们不可能一直保持在正念状态，但在一天中拥有几个短暂的宁静时刻就能让我们受益。

你需要将这种正念融入自己的日常生活中，这是改变的心态的一部分。即使你选择购买一本讲述正念冥想的好书，下决心每天练习，㊀更重要的也是每天都要坚持让自己的觉知回到呼吸上来。起初，你可能会每天做上几次，每次只能坚持一两次呼吸的时间，但只要你坚持不懈，就能越做越好。

即使你不是一个防御性的"思考者"，让注意力回到呼吸上也能增强你的自我觉知，增进你对于身体感觉的理解。许多人很多时候不知道他们有什么感觉，对于他们来说，这种将注意力从头脑转移到身体上的过程，能帮他们发现自己的情绪。

㊀ 比如，可参考 Thich Nhat Hanh. *The Miracle of Mindfulness*: *An Introduction to the Practice of Meditation* (Boston: Beacon Press, 1999)，或者 Smalley and Winston. *Fully Present*: *The Science, Art and Practice of Mindfulness* (New York: Da Capo, 2010)。

"定位"你的情绪

这是一个很明显,但可能常被忽视的事实:所有的人类情绪都带有"生理唤醒、表达行为,以及意识体验"[一]。也就是说,当我们产生某种感受时,我们可会觉察到我们有这种感受,我们可能会做出某些行为(比如幸福地微笑或不快地皱眉),而且我们会体验到常与这种感受相伴的身体感觉。我们是否真的注意到了这些感觉,则是另一个问题。如果我们注意不到,我们就会对自己的情绪毫不知情:我们可能会皱眉,却丝毫没有意识到。

在与那些很少触及自身情绪的来访者相处的过程中,我经常通过教他们如何"解读"那些能够表现情绪的身体部位,识别那些表示特定情绪的感觉,来帮助他们意识到自己的感受。正念能促进这个过程。通过将注意力从头脑转移到身体上,我们能更好地识别自己的感受。

比如说,当我难过的时候,我通常会注意到以下感觉。

- 眼睛:即使眼睛里没有含着泪水,也会变得更加敏感。
- 嘴/喉咙:喉咙底部会有一种疼痛的感觉,嘴里会流口水。
- 胸口:紧绷甚至疼痛,呼吸时可能会颤抖,喘不上气。
- 腹部:有一种不安甚至恶心的感觉。

可能你的感觉不完全一样,但悲伤带给你的感觉很可能也会出现在相同的地方。愤怒会出现在我的下巴和太阳穴,我的后背和肩

[一] David G. Meyers. Theories of emotion. In *Psychology*, 7th Ed. (New York: Worth Publishers, 2004), p. 500.

膀也会紧绷起来，我的脸颊和上半身会发热。你可能也会在相同的部位"找到"你的愤怒。

我们先学着让内心安静下来，让注意力远离日常生活的干扰，离开我们的头脑，进入我们的身体，这样我们才可能注意到自己真正的感受。当你开始注意内在时，不要急于认定自己会有或不会有什么感觉。为一切可能的情况做好准备。

不要相信自己所有的感受

从另一个角度来说，即使你有某种感受，也不一定能可靠地反映客观事实。无论你是对于刚刚萌生的激情或迷恋有着理想化的强烈感觉，还是对某个熟人的愚蠢满怀鄙夷，又或者是对家人不体贴的行为愤愤不平，你都不必过于相信那种感受。

对于一个刚才还在教你如何定位自己情绪的心理治疗师来说，这似乎是一个很奇怪的建议。尽管心理治疗和自我探索的目标肯定包括了解我们的感受，但我们有时需要对情绪保持一定程度的怀疑。在情急之下，强烈的情绪可能会让我们觉得它们的真实性是不容否认的，而我们要是让这些情绪来决定我们的行为，往往会伤害我们自己。

改变的心态要求我们接触困难与痛苦的情绪，并且记住有时那些情绪可能带有防御的性质。我会在下一章更详细地讲述这个话题。

清醒的诚实

在我们的一生中，我们会接受许多有关我们应该对他人有何感受的信息。从父母给我们读的第一本书到小学时光，再到成年生活，我们接受的教育一直告诉我们，要慷慨、要爱别人、要感恩、要接纳差异、要心胸宽广、不要评判他人，等等——所有这些情感与态度都是文明社会蓬勃发展所必需的。简而言之，不断地有人教我们何谓正确的感受。

如果我们始终对他人心怀爱意与宽容，可能会让社会氛围变得更平易近人（也更无趣），但实际上，人类不是一直都那么友善的。我在这本书中一直坚持的一个观点是，愤怒、憎恨、嫉妒和妒忌等不怎么被社会接纳的情绪也是我们情绪构成中不可磨灭的部分。改变的心态要求我们接纳自己无法摆脱这些情绪的事实，我们能做的最好的事情就是在这些情绪出现的时候学会更好的应对方式。

也不要期待自己在注意到这些痛苦感受之后就能超越它们、摆脱它们。你不是在学习如何成为一个更加开悟、更加友善，永远不必为这些问题烦恼的人，而是在试着在这些困难情绪必然出现的时候，用更健康的方式去应对它们。如果你相信自己不会感到愤怒、嫉妒或妒忌，那你只是在以这样或那样的方式自欺欺人罢了。

换句话说，要试着关注并接纳自己"本来的样子"，而不是努力让自己有"应该有"的感受。

勇气与关怀

如果心理防御机制是我们为了逃避痛苦而对自己撒的谎，那就说明我们害怕感受痛苦。我们当然害怕！尤其当我们不知道这种痛苦有多强烈，会持续多久时，直面痛苦而不逃避，可能是一件非常可怕的事情。但是，如果我们要理解痛苦，用更有效的方法去应对它，我们最终还是需要面对我们的痛苦。这需要勇气。

做出改变的心态要求你鼓起勇气，但也要尊重自己的局限，不要逼迫自己承受无法承受的东西。就像称职的父母为孩子做的那样，你需要在关怀与期望之间找到平衡：一方面，不要让自己轻易地在情绪挑战面前退缩；另一方面，不要过度逼迫自己。当痛苦出现的时候，要勇敢，但不要强迫自己忍受过多痛苦，甚至超出自己的承受能力。就像其他技能一样，培养这种忍耐力需要时间。没必要一次面对所有的痛苦。

做好选择的准备

总而言之，让自己进入一种改变的心态，就意味着接纳许多难以接受的事实，并养成某些心理习惯。最重要的是，我们必须接纳，我们的心理防御机制不会仅仅因为我们发现了它们而消失，与它们的斗争是一项长期的挑战。为了面对这项挑战，我们需要尽可能地减少干扰，并磨炼我们进一步关注自我与身体的能力。

为了做出改变，我们要既警惕又勇敢，既对自己怀有坚定的期待，又对自己的局限心怀关爱，在这两者之间找到平衡。我们需要接纳不可避免的、痛苦的或丑陋的情绪，并对其他一些感受保持怀疑，因为那些感受可能带有防御的性质。就像追寻真理的优秀科学家一样，我们必须做好准备，接纳我们可能发现的一切。

一旦我们获得了新知，也就是说，一旦我们识别了运作中的心理防御机制，并感受到了其背后的痛苦，那么我们就必须决定该怎么做。领悟与自我觉察不会带走我们的困难情绪。相反，它们会让我们不再本能地、无意识地逃避痛苦，而是选择一种不同的、更有效的反应。在下一章里，我会讨论选择在放下防御中的作用。

第 13 章

真正的改变源于你做出的选择

> 如果要在改变想法与证明自己没必要改变之间做出选择,那么几乎每个人都会忙于证明。
>
> ——约翰·加尔布雷思(John Galbraith)

一旦你发现了正在运作的心理防御机制,也就是说,一旦你清醒地意识到了心理防御机制,你就需要做一个决定:是继续那种容易的、自动化的做法,还是努力做出改变。选择不同的做法并坚持到底需要付出很大的努力。想想泥泞道路上的轮胎,要防止它陷入熟悉的车辙,你要不断地付出多少注意力与精力。

在我们挣扎着做出改变的时候,我们可能会用新的谎言来为旧的谎言开脱,用新的理由来支持熟悉的防御。每当我们试图说服自己放弃改变的时候,我们就会再次面临一个重要的选择——相信新的谎言,陷入往日的惯性,还是继续努力向前。有意义的改变要求我们不断地选择，这些困难的选择会考验我们的心理与情绪。

我先举一个不涉及心理防御机制的例子，这个例子应该能明确地说明改变涉及的困难，至少试图减肥的人能感同身受。这个例子能说明，在我们挑战自己熟悉的生活方式时，我们通常会如何让自己的努力白费。

这是一个星期五，你节食的第三天，你感到饥肠辘辘，产生了严重的匮乏感。体重秤上的指针没有丝毫变化，你怀疑这种节食法对你是否有效，但不论这种方法是否有效，你都硬着头皮继续坚持。下午3点左右，一位同事朋友邀请你和其他一些同事下班后去喝一杯。在饥饿的时候奖励自己，这听起来不错。你的节食计划不允许你喝酒，但你对自己说，你可以点一杯健怡可乐。

到了当地的酒吧，是时候让自己开心开心了。你的朋友去取自助餐，然后端着满盘的布法罗鸡翅和油炸虾仁回来了。你抿了一口健怡可乐，咬了一小口从家里带来的胡萝卜，觉得很饿。同事的玛格丽塔鸡尾酒看上去太可口了。同事们喝完第一杯酒之后，看上去心情很好，而你的心情却越来越低落。

最终，你觉得在这种情况下，极度的饥饿实在太痛苦了，会破坏你节食的决心。如果你允许自己喝上一杯，其实能帮助你坚持节食。那能增加多少热量呢？你可以明天少吃一些东西作为补偿。所以你点了一杯美味的玛格丽塔酒，立即感觉好些了。一杯酒很快就下肚了。布法罗鸡翅扑鼻的香味越发诱人了，在你反应过来之前，你就已经决定打破自己的节食计划了，这种节食很明显不适合你，而你已经开始走向自助餐桌了。

让我们来看看发生了什么：你面临好几个选择，对自己撒了几个谎。你破坏自己努力的方式非常狡猾：你没有立即放弃自己的节食计划，而是一点一点地削弱自己的判断力。

- 与朋友一起娱乐，能够在饥饿的时候奖励自己。

这是第一个糟糕的选择。尽管这样能奖励自己，但你把自己置于了一个充满额外挑战的环境，这会让你更难以坚持节食。你告诉自己，在同事们喝着鸡尾酒的时候，你会满足于一杯健怡可乐，这是自欺欺人。

- "稍微"放松节食的要求能帮你坚持节食计划。

这是第二个糟糕的选择。决定"只喝一杯"，减少饥饿带来的匮乏感，这种做法忽视了酒精会削弱我们做出明智判断的能力。你心里清楚自己正在一步步地完全放弃节食，但你不肯向自己承认这一点。相反，你用一杯玛格丽塔酒打破了自己的承诺。虽然你不肯承认，但你知道自己在喝酒的时候更容易上当。

- 这种节食很明显不适合我，所以就没必要坚持了。

这是第三个糟糕的选择。这个时候，玛格丽塔酒已经下了肚，不管你对自己说什么谎，你都会深信不疑。你放弃了节食，重拾了旧的饮食习惯，吃着明知不该吃的食物，并且又多喝了一杯，因为，今天毕竟是周五啊！

对改变的阻抗

试着放下自己的心理防御机制，做一些不同于以往的事情，就像节食一样。如果我们全心全意地渴望改变与成长，这就会容易得多，但其实我们很难放下旧日的习惯，并且排斥任何对现状的挑战。保守地讲，放下一种心理防御机制能带来匮乏的感觉，这是很令人沮丧的，就像放弃我们常吃的食物一样。更常见的情况是，这样会带来一些痛苦的感受，且正是那种防御帮我们逃避的痛苦。

你可能有一点儿想做出改变，但并不是真的想这样做。因此，你可能会产生一种强烈的冲动，想要放弃自己的决心，重拾熟悉的防御，就像试图努力减肥的人迫切地想要放弃节食一样。那种心理防御机制一直保护着你，使你免受痛苦，你不太可能突然间全心全意地拥抱痛苦。

由于你正在面对未知的事物，产生了陌生的感受，这种感受可能还很痛苦，因而你可能很害怕。改变是可怕的。似乎面对无意识带来的痛苦超过了你的承受能力。在努力放下防御的过程中，你会不断地面临选择——是勇往直前，面对痛苦，还是回到过去的习惯中去。你心中抵制改变的部分会促使你做出糟糕的选择，编出新的谎言来支持旧的谎言。

你改变的程度取决于你对自己有多诚实，你有多善于发现内心的谎言，也就是说，你有多善于做出明智的选择。让我来举个例子说明这个过程是如何进行的。

更艰难的选择

我的一位来访者妮可经常陷入否认的状态，在这种时候，她相信自己是个非常有能力的人，能够应对所有的困难，但事实上，如果她不重视自己的局限，就很容易被困难压倒，陷入崩溃。她把自己看作一个做事卓有成效的人，并承担了越来越多的责任，直到不堪重负。

这是一种自恋性防御，其目的在于避免觉察到童年经历给自己带来的深深的伤害（她父母双方的家族都有精神病史），并且避免觉察到自身局限导致的深深的羞耻感（这些局限是由童年伤害导致的）。承受情绪压力时，她的思维就会失控，变得非常缺乏连贯性，她可能会产生轻度的幻视和幻听，最终导致失眠。

进行心理治疗时，妮可与我经历了多次这样的循环：她会否认，并坚称自己"没事"；当她负担过重，承受压力的时候，她会崩溃并陷入情绪困境；在情绪崩溃后，她可能会陷入抑郁，觉得自己很糟糕，是个无可救药的失败者，对自己和未来感到绝望……直到她的情绪恢复正常，再次开始否认。

在一个忙碌的日子里，妮可经过仔细的思考，发现她又在按照以前的习惯行事了——试图让自己承担更多的责任。她的日程表里有一小时的休息时间——足够抓紧时间去一趟开市客（Costco）超市。她突然感觉心中充满了能量，促使她进入"超级妮可"模式。由于她在每周的那一天里都会工作到很晚，所以她常常会缩短晚餐的时间，准备一些简单的食物。当她觉得自己进入了"超级妮可"模式时，她想起了一个一直想要尝试的新菜谱，而这道菜非常复杂。她想她可以在开市客超市买到大部分所需的食材，然后在回家的路上去一趟当地的菜市场。丈夫和孩子会很高兴的！

妮可很了解自己，所以此时她能意识到发生了什么，她发现了她对自己说的谎。此时此刻，作为无所不能的"超级妮可"，她感觉实在是太棒了。而要面对自己的局限，承认她没时间去开市客超市购物，并做一顿精致的晚餐，这种感觉太糟糕了。她十分渴望成为那个无所不能的人生赢家！

妮可面临着一个选择。在忙碌的一天里抽空去开市客超市会让任何人都感到很有压力，但这种压力对妮可来说尤其沉重，因为她很容易在压力下崩溃。她会再度选择否认和自恋性防御，相信自己是个无所不能的赢家，还是会考虑自身的问题、局限以及相关的羞耻感，从而做出更好的选择？她进行着激烈的思想斗争。

没错，你过去的确难以承担过多的压力，但你已经成长了许多。现在的你可以去开市客超市购物，真的没有问题。你本来就要做晚餐——多花20分钟又能怎样呢？

妮可太想相信这些谎言了……但她抵制住了诱惑。她选择在午休时待在办公室里休息和阅读，没有去开市客超市。她没有做一顿复杂的晚餐，而是按计划做了一顿简单的意大利面。

这样一来，她感受到了许多不愿感受的情绪。愤怒——因为自己不能变成"超级妮可"。羞耻——因为自己早年的情感创伤带来了那么多局限。哀伤——因为自己不能完全走出过去的阴影。放弃高效率带来的亢奋感，选择这些痛苦的感受，需要许多力量与勇气。这很不容易。她感到怨恨，因为她不得不接受这种现实。但是她做了更明智的选择，所以她没有崩溃或受伤，也没有陷入抑郁。

在之后的日子里，妮可偶尔也会选择自己的防御。改变是一个持续努力的过程，不完全是一次性的：有时你成功地面对了自己的痛苦，有时你陷入了旧日的习惯。我接受过多年的心理治疗，也做过很长时间的心理治疗师，但我依然会做出糟糕的选择。与妮可一样，我过去的心理防御机制依然在那儿呼唤我。当生活变得特别困难或痛苦时，我有时也会再次选择防御。我依然在不断努力养成新的习惯，学习更好的应对模式，尽我所能地面对有关自己的真相。

我不期待自己做到完美。你不会突然发生改变，再也不像过去那样。你永远无法抹去或远离你自己的某些部分，尽管你非常想这样做。改变是一个持续努力的过程。真正的成长意味着接纳我们防御不依不饶的本质，接纳我们依然会对自己说谎。在成长的旅途中，我们会面对一个又一个选择：是听从自己的防御，还是努力跳出自己的习惯。我们永远不会停止做出选择。

再让我用练习乐器来打个比方。你永远不会停止学习乐器的过程，你必须继续练习和演奏。如果你能做到这些，你就会不断进步。如果你偷懒，你的技术就会生疏。你不可能一劳永逸，不可能在某一天达到圆满的状态，然后余生四处度假、高枕无忧。

和我一样，妮可也弹钢琴。她练习得很刻苦，但总是有很多压力：她觉得自己一定要"练好"，一定要成为自己渴望成为的优秀音乐家，结果是，她对自己太苛刻了。她相信，只要付出了足够的努力，就能达到圆满的状态，一种类似"超级妮可"的优越状态。在我们的治疗中，我不断地向她强调，她需要爱上练习，爱上刻苦的努力和不断出现的挑战，而不要仅仅把这些当作取得理想结果的手段。

改变的过程永无止境。你不会变成一个"全新的、更好的自己",不再有任何挣扎。在前进的过程中,你会不断面对更多的挑战,并且想要用过去熟悉的方式来应对困难。因此,你会面对一个接一个的选择:屈服于自己的防御,还是努力用不同的方式去应对。如果你保持改变的心态,做出明智的选择,或者至少在有些时候能做到这一点,你这一生就会不断地成长。

面对羞耻感

我的另一位来访者斯坦在他一生中的大部分时间里都在与无法忍受的羞耻感做斗争,并且依赖第 11 章里描述的典型防御来做出应对。他将指责作为自己的主要防御模式。当他和妻子有分歧的时候,他经常会在自己的脑海里痛斥妻子。他会在心里抱怨妻子的行为,满怀委屈。在他的亲密关系中,这种模式已经持续几乎一辈子。在斯坦的防御背后,他一直在自己的情感伤痛中挣扎,这种伤痛是童年给他带来的根本性的伤害。也就是说,他有一种基本羞耻感。

在 2008 年开始的那场经济衰退中,斯坦的生意遭受了一些挫折,这让他的家庭承担了很大的压力,在他的生意恢复元气以前,养家的重担在很大程度上转移到了妻子的肩上。妻子没有因为这些事情批评斯坦,也没有抱怨自己现在必须负担的重担,她知道经济衰退不是斯坦的错。即便如此,斯坦依然感到很羞耻,很戒备。这种经历激起了他终生的信念:他是个受伤的、无用的失败者。

在经济衰退发生的两年之后,斯坦的事业依然没有起色,他发现妻子越发郁郁寡欢了。即使鸡毛蒜皮的事情也会让她发火，在一天的工作结束后，她会在聊天时迫不及待地细数工作中的烦心事。他觉得妻子很生气，尽管这种火气不是直接针对他的。由于他为自己不能像妻子一样为家庭的财务做出贡献而感到羞耻，他努力去好好倾听，这是他能做的最起码的事。即便如此，他仍然觉得这些"抱怨"让他越来越难以忍受。

在我们周一见面前的一个周末里，斯坦和妻子花了很多时间干家务活。过去经济条件好的时候，他们会把这些劳动——修剪草坪、打扫屋子等，都外包出去。干活的时候，妻子几乎一直"心情不好"。尽管斯坦一直闭口不谈，但他在心里斥责妻子，抱怨她的坏脾气，抱怨她无法安静地忍耐任何情绪。

斯坦在我这里接受心理治疗已经有一段时间了，所以此时他已经相当了解自己了，并且最终认识到他的指责是一种防御。经过激烈的内心挣扎，他选择了努力让自己的思绪安静下来，让不断流动的防御性思维停下来，为自己创造一些心理的空间。在这种安静的空间里，他发现了那种熟悉的羞耻感。他觉得自己对家庭的困境负有责任，这种痛苦的感受让羞耻感更加强烈了。毕竟是由于他的经济困境，他们才负担不起每月两次的房屋保洁以及修剪草坪的园丁服务。

放下了自己的防御后，他产生了另一层领悟：斯坦意识到他妻子的抱怨与情绪起伏是她表达愤怒的方式，她为他们生活中的困境感到愤怒，尽管妻子反复地说这不是斯坦的责任，但妻子依然生他的气。他有了一种感同身受的感觉：人到中年，正当她希望生活不再有那么大的压力，经济状况能够稳定下来的时候，她不得不更加努力工作，对未来满怀焦虑。

周日晚上，斯坦和妻子坐在一起，把自己对她感受的想法告诉了她。"尽管你知道这不是我的错，"他说，"但你依然生我的气。"他说这句话的时候，用的是一种直接的、同情的、不批评的语气。妻子立刻承认了。然后他们进行了一次长谈，他们以夫妻的身份，用建设性的方式谈论了他们的未来。妻子觉得得到了理解。斯坦觉得松了一口气。没有人受到指责。

当我说我们需要放下防御，面对防御背后的痛苦时，我可能听上去像一个严厉的父亲在告诉你应该吃药，因为这对你有好处。但这个例子表明了这种做法可能带来莫大的益处。尽管斯坦指责妻子的这种防御可能会帮他在短期内避免感受到令人痛苦的羞耻，但面对羞耻感让他能够与妻子共情，与她用更具建设性的方式沟通，并且让他们的关系更紧密了。

这样做也能产生真正的自尊。在接下来的周一会谈中，斯坦告诉我，他为自己感到骄傲和庆幸，因为他能够用这种方式来理解自己与妻子，能够用建设性的、不防御的方式回应，表达关怀而不批评。他一直没有摆脱早年创伤遗留下来的羞耻感，但他发现这种羞耻感能够与他努力成长、取得进步的骄傲感共存。他觉得这种体验既深刻又令人感动。

尽管看上去有些矛盾，但真实的自尊建立在接纳羞耻的现实，选择不防御的基础上。

为防御辩解

在目前我举的两个例子里，主人公都通过仔细倾听自己的心理过程，发现了运作中的心理防御机制：妮可"听见了"自己否认自身局限的谎言；斯坦发现了自己心中对妻子的斥责有着防御的性质，以及他是如何通过指责妻子来逃避自身的羞耻感的。他们都曾试图通过"思考"让自己相信防御是合理的。

我之前提到过，如果我们的内心在努力说服自己防御的视角是"真实"的，那么这正是心理防御机制的标志。这种现象会反复出现，非常顽固。如果你关注自己的内心，认真倾听，你会发现这种内心的声音会让你感到戒备，就好像你在与某人争辩，试图让他相信你的观点才是正确的。即使没有人质疑你的看法，你依然会为自己辩解。有时，我会发现自己在心中与某个我认识的人争论，很明显，这说明我在防御。

通过不断地重复，这种自我辩解会让你感到完全真实和有说服力，尤其是当你用指责来防御的时候。妮可和斯坦都会让自己进入一种义愤填膺、坚信不疑的状态。当你觉得自己完全无可指摘，却蒙受了冤枉，用高人一等的无辜来疗伤的时候，你可能应该停下来，想想这一切的背后是否另有隐情。

质疑你的情绪

就像我在上一章建议的那样，你不必相信自己的所有感受，尤其是由内在辩护过程引起的感受。轻蔑、义愤填膺与愤怒的指责可能是因我们的心理防御机制维护自身的运作而产生的。因此我们需要对那些情绪是否符合事实保持怀疑的态度。

在这方面，上一章讨论过的呼吸与正念技术就非常有用。尤其是当我们在自我辩解的时候，让自己进入安静的状态会减弱我们的情绪强度。通过关注自己的呼吸，我们能让情绪缓和下来，避免自己受情绪驱使，做出一些追悔莫及的事情。停下来，做一次深呼吸。让心里的对话停下来（停得尽量久一点）。在心中留意这些情绪，为以下想法腾出一些空间：这些情绪可能不完全符合事实。

这种方法也适用于我们对某人或某事产生过度情绪反应的情境——用当下流行的话说，就是我们的情绪被"触发"（triggered）了。如果我们觉得尴尬或耻辱，深层的羞耻感即将突破我们的防线，我们就可能会做出愤怒的反应（战斗模式）。当我们的焦虑被唤起的时候，我们也可能进入惊恐的逃跑模式。在这些情况下，创造一个安静的空间，而不要立即在强烈的情绪下做出反应，能让我们有机会选择自己反应的方式。

我并没有说这件事很容易。对于我个人来说，我很少面对如此困难的挑战。在强烈的情绪下，要保持怀疑是很难的，向情绪"屈服"比这容易多了。我们很难抵挡被触发的情绪。但这与所有事一样，会随着练习变得越来越容易。有一天，当情绪试图控制你的时候，你会努力安静下来，并且产生这样的意识：我曾经有过这种状态，我知道会发生什么事。我最好停下来。

情绪终究会过去

当我们完全坠入爱河的时候，当某个重要的人去世、我们陷入深深悲伤的时候，或者当惊恐发作突然压倒我们的时候，强烈的情绪会让我们相信，我们的感受永远不会再好起来了。强烈的感受似乎能违抗或无视时间的流逝。在情绪的控制下，此时此地就成了我们全部的现实。我们可能无法思考，无法让记忆来指引我们对未来的期待，也无法想象我们有不同感受的那些时刻。

当心理防御机制的自动化控制减弱时，当我们触及一直试图逃避的痛苦时，我们可能会担心这种痛苦会一直持续下去。我们的第一反应是逃避痛苦，重启我们最初用于应对痛苦的防御。尽管采取防御手段是我们习惯的、熟悉的反应，但只要我们意识到自己在这样做，我们就能做出不同的选择。不同的选择通常意味着忍受痛苦，直到痛苦减轻或新的感受出现。

"一切都会过去"这句俗语既说明了所有实物的状态都是暂时的，也说明了我们的情绪是暂时的。迷恋终会消失，人们的爱情也会消散；在一段时间的痛苦哀悼之后，大多数人会从深深的悲痛中走出来；惊恐发作也会结束。然而，深陷情绪旋涡的时候，我们可能很难相信这一切会过去。当我们触及我们通过心理防御机制逃避的痛苦时，我们可能会害怕被这种感受淹没。

你可能会想起童年有这种感受的时刻——被某种情绪淹没，相信这种情绪会一直持续下去。大多数孩子都有过这种感觉。在第8章，我讨论过婴儿如何依赖投射来摆脱无法忍受的情绪。他们之所以这样做，在一定程度上是因为他们不知道那些感受会持续多久，害怕它们会一直持续下去。婴儿，甚至大一点的孩子，都不能理解这种体验的暂时性。

正念或关注呼吸有助于减弱由内心的自我辩解引起的情绪，也能帮我们抵挡看似永无止境的痛苦。痛苦会让我们的心理变得混乱无序；因为我们害怕，所以我们想转移注意力，也就是逃避。关注呼吸能帮我们"重新整理"自己的心理状态，集中注意力，聚焦于一种中立的体验——胸膛的起伏、空气穿过鼻孔时的感觉。我们甚至可能在对这种体验的熟悉感中找到一些安慰。这样能帮我们等待痛苦减轻。

我在网上讨论忍受痛苦的话题时，一位读者认为我的意思是"忍着吧"。我不是这个意思。说这句话的人往往非常不耐烦，或者怀有轻蔑的态度，好像在说"闭嘴，别抱怨"。相反，我是在指导读者如何忍受强烈的（往往还是痛苦的）感受，直到这种感受过去，或者直到你发现如何应对这种痛苦，而不诉诸熟悉的防御。

挑战隐匿的防御

到目前为止，我已经讨论过一些识别防御的方法，这些方法寻找的是防御的外在表现，这些表现有时是很明显的。那些隐匿的防御呢？我们该如何识别那些隐藏于我们的人格深处，没能被"听见"的声音，如何发现对强烈的情绪或渴求"闭口不谈"的防御？例如：

心理防御机制运作得非常成功，以至于从来无法意识到愤怒的男人。
对性几乎毫无兴趣的人。
自恋性防御非常成功，以至于无法意识到羞耻感的女人。

放下这些防御需要一种不同的努力方式：你可能需要把自己置于不熟悉的，甚至让你害怕的处境里，进而挑战这些防御。以第2章的练习为例，我曾建议你重视向他人求助的经历。对于过度依赖自我的人来说，说出"我需要你的帮助"，就可能唤起一些不舒服的情绪，这些情绪在其他情况下是不会出现的。

平静、冷淡的人习惯于逃避可能激起冲突或唤起强烈情绪的情境。我并不建议这些人去寻衅滋事，好让自己产生一些感受，但走出自己的舒适区是至关重要的。如果你不喜欢冲突，总是压抑自己的看法，你可能需要冒险与朋友或家人产生分歧……起初这种分歧可以只与很小的事情有关。不要太强迫自己。请做几次深呼吸，努力忍受随之而来的不适甚至痛苦的感受。

如果你在很大程度上压抑了自己对性欲的觉知，那么你可能需要通过接触那些让你产生欲望的身体部位来恢复自己的觉知：接触你的生殖器。在电影《黑天鹅》（*The Black Swan*）中，剧团的舞蹈编导指导压抑性欲的首席芭蕾舞女演员妮娜自慰，强迫她接触她否认的那部分自我。你可能需要做同样的事情。在这个过程中，你的内心可能会产生强烈的反抗——恐惧、反对或厌恶（反向形成）。你需要勇气和毅力才能做到不退却。

举一个实务工作中的例子，这个例子说明了如何挑战自己的性格，以及应对随后产生的情绪。我的来访者艾丽卡是一个中年女性，她在一家大公司做了很多年副总裁的行政助理。尽管艾丽卡在工作中非常聪明负责，但她觉得自己很难完成上司试图交给她的一些更加困难的任务——上司以前通常会把这些工作交给初级管理人员来做。很明显，他觉得艾丽卡有很大的潜力，并试图培养这种潜力。

在心理治疗中，艾丽卡和我探索了她无法完成那些任务的原因。当她开始着手做那些工作的时候，她发现自己无法清晰地思考问题，总会纠结于细枝末节。那些工作需要密切关注一些复杂的数据，而艾丽卡一向不擅长数学。最终，我们逐渐发现，原来那些任务会让艾丽卡生气。她怨恨那些额外的职责，不愿独立思考或者那么辛苦地工作。因此，她的心态会变得非常被动，并且"走神"。

这种被动是她整体性格中的显著特点。从十八九岁的时候起，艾丽卡就对老师产生了强烈的依恋，渴望与他们产生特殊的亲近感，希望这些人会照顾她，为她"思考"。长大以后，每当面临财务上的抉择，或者需要主动维持友谊的时候，她都会依赖自己的丈夫。在她高度活跃与理想化的幻想中，她会与某个富有活力、强大有力的人交往，他们的结合会解决她的所有困难，这个人会照顾好她。当她不得不面对现实生活以及自己对生活的责任时，她往往会生气。

她的敌意反应与她在治疗中对待成长的态度一致。每当我们发现艾丽卡改变的迹象，发现她不再那样依赖我的帮助，而是更善于运用她所学的东西时，她都会怀有怨恨。她拒绝独立，不愿照顾自己，并且会退回到被动的状态里，在这种状态中，她能永远做我的"孩子"。她一直说自己是个心理治疗的"终生参与者"，没有治疗就没法生活下去。

这种显著的无助其实反映了一种隐匿的控制（如第9章所述），她试图用这种方法激起他人的照料反应，让他人来做她怨恨的心理劳动。在治疗中，她把我看作一个高度理想化的人，希望我来为她思考，替她解决问题，告诉她该怎么做。尽管她在治疗中非常投入，但其实她非常被动，总是依靠我来解决一切的问题，自己却不付出任何努力。

经过不断的努力，艾丽卡逐渐意识到了她为这种被动付出的代价。她已经 50 多岁了：时间在不断地流逝，机会也随之消失。她最终做出了一个重要的选择，强迫自己去做她一向敬而远之、不愿去做的数据工作。她自学了一些新式财务软件的使用方法，接管了家庭预算的工作。接下来，她报名参加了一门会计课程，在工作中参与了更具挑战性的事务。她在社交方面也变得更积极主动了。与此同时，她还努力减少了助长被动态度的理想化幻想。

随着时间的推移，艾丽卡的努力让她在几乎所有的生活领域里都变成了一个更有成效、更有能力的人。她因此产生了许多情绪，其中一些情绪让她颇为吃惊。尽管她预料到自己在面对现实的时候会感到愤怒，因为她过去就是如此，但哀伤与丧失感让她措手不及。就像我的来访者斯坦一样，艾丽卡也为自己的努力感到骄傲。但是看到自己的潜力，看到自己一旦下定决心就能够做到的事情，她意识到了自己多年来因消极被动浪费的时光。她天生聪颖，如果她能好好运用自己的头脑，而不是期望别人来替自己思考，那她能成就怎样一番事业呢？

一旦防御变得根深蒂固，它们往往会限制我们的生活，阻碍我们的情绪成长。一旦我们不再防御，我们可能需要为失去的时光、错失的机会以及失败的关系而哀伤。放下防御始终与面对痛苦有关。

不断地选择与改变

现在，我相信我已经说清楚了，与心理防御机制的角力是一场终生的斗争。如果你坚持不懈，你就能持续地成长与改变，但你永远不会达到圆满的状态，永远不会变成一个全新而完全不同的你，一个不需要面对相同问题的你。57岁的时候，我已经做过多年的心理治疗，并且在治疗结束后花了更多的时间独立前行，但我依然会在每一天与许多相同的感受做斗争。可以说，我的心理状态很好，并且能够应对挑战，因为我会定期练习那些我开发的技术，但我绝不会认为我自己的功夫已经"到家"了。

这就像去健身房，一旦你停止锻炼，你最终会失去努力锻炼带来的好处，所以你需要坚持不懈，才能保持良好的身材。就像我之前所说的，这个过程也与弹钢琴很相似。为了弹奏出美妙的乐曲，你需要规律地练习，让你的双手既有力又敏捷。为了尽可能地过上情感丰富、令人满意的生活，你必须仔细倾听与观察，留意心理防御机制运作的信号，或者挑战那些深藏于你性格当中的隐匿防御。

当你做到这些的时候，你将可以选择做出防御的反应，或者采取不同的行动。这可能看上去没什么了不起的，但比起过上童话般的生活，沉浸在没有痛苦与冲突的白日梦中，选择的能力代表了我们最重要的一种自由——一旦防御不再完全主宰我们的行为，以建设性的方式管理我们的情绪与行为的心理自由，将不再遥不可及。

第 14 章

与防御同在但不被其主宰

> 理想主义是思想的暴君。
>
> ——米哈伊尔·亚历山大罗维奇·巴枯宁
>
> （Mikhail Alexandrovich Bakunin）

在本书开篇的时候，我把心理防御机制称为我们用于逃避无法忍受的痛苦的方法。尽管我解释过，有时忍受痛苦是重要的、有好处的，但你可能依然在想为什么你要付出这么多努力，这些放下防御的努力会带来什么结果。归根结底，你可能问：心理健康到底是什么样的？

我想在回答这个问题的时候，尽量留有足够的余地。我把"正常"看作没有人能够达到的理想状态。尤其是在大众媒体与家庭导向的情景喜剧兴起以后，我们的文化对心理平衡、适应良好的个体持有一种"单纯"的看法，并且对这种看法推崇备至。这种观点认为，没有任何冲突能给这样的个体带来很多痛苦，他的问题也能很容易地得到解决。事实上，我们所有人（包括来自相对幸福的家庭的人，以及接受过多年成功的心理治疗的人）都有困难、敏感的时候，以及在这些时候会使用的心理防御机制。每个人的生活都充满了痛苦，没有人能完美地应对它。

但是，我也相信，真的存在一种心理健康，即能够接纳人性的现实并将其纳入考虑的范围，而不是对其设下过于严密的防御。这种健康可能是这样的：

- 你能够较好地容忍自己对他人的依赖，在总体上感到自己的需求得到了满足。
- 在内心深处，你不害怕被情绪淹没，你相信你的情绪为你的生活和关系赋予了意义。
- 你能够相信自己对自己的看法。虽然你不对自己感到100%的满意，但你确信自己是个有价值的人，并且不会停止成长。

即使你理解防御，它们也不会彻底消失，所以你会在这种"心理健康"的状态下，不断地与防御做斗争。它们不会与以往一样，既然你已经意识到了它们的存在，它们对你就不会有那么强大的控制力了。经过长期、诚实的自我评估，付出了艰苦的努力，你的防御依然会对你产生影响，在你的主要心理困扰领域内发挥作用。下面就是你未来的防御的作用方式。

否认与压抑

由于你已经更加了解自己的需要，你将更难以忍受长期不被满足的感觉，不过你依然会偶尔发现你在假装能够自给自足。在某种程度上，不了解这些需求的生活似乎更简单，尤其是当你必须等待很长时间才能满足自己的需求时。你发现自己不像以往那样经常从情感的替代性资源那里寻求满足，虽然在压力之下，放纵自己往往比求助或为自己设置界限更容易。总体而言，你比以前更加满足了。

那些小小的疏忽和"无心之失"不再像过去那样显得无足轻重，每当你发现自己忘记某个承诺时，你都会习惯性地思考自己是否对某些事情感到生气。你不一定总能一开始就发现自己的敌意，但最终你通常会找到答案。尽管你不想和朋友与亲密的人讨论这些敌意，但你知道说出来通常会有帮助。不过，事情并非总是如此，有时你宁愿自己什么都没说。

尽管你知道事实并非如此，但你依然渴望相信人类的本性（包括你自己的本性）没有那么强烈的侵犯性，而是更加"友善"，而且情绪的冲突是可以避免的。看到煽情的电影讲述单纯的好人最终会幸福地生活下去，你会热泪盈眶。你依然想做"好"人，但你不像以往那样确信"好人"的含义。尽管有时你讨厌自己的感受，但你相信愿意面对情绪体现了良好品格的力量。

你依然不相信自己会死，并不真心相信。你宁愿不去思考这个问题。

置换与反向形成

你不会再像过去那样拿他人撒气了。你更善于发现自己产生情绪的真正原因，不过有时面对现实是很可怕的。有时你没有很好地自我觉察，最终伤害了无辜的旁观者，此时你会体验到完全合理的内疚。这种内疚不会把你压垮。你会努力道歉并为自己造成的伤害做出弥补。

你的某些反应与观点不再那么激烈了。你可能依然对某些事情怀有下意识的反感，但由于你不会真心信任这种感受，你会渐渐地不做反应。有时你会像过去一样对某人的行为怀有严厉的批判，但你现在更了解自己了，所以你意识到，这只是因为你很想做那件事，但你不能容许自己那样做。

你在某些方面成了一个心胸开阔的人，但这不意味着你对所有事情都表示赞同。无论你在多大程度上知晓自己的反应中蕴含了防御的成分，始终有一些事情是你不喜欢的。你不再像过去那样自以为是，但你依然觉得没有理由深究自己为什么厌恶吸烟的人。

分裂

虽然你仍然会发现，自己偶尔会愤怒而坚定地强调自己的信念，但你的确已经成了一个更加深思熟虑的人。世界似乎不是一个黑白分明、敌我分明的世界。我们需要付出更多的努力，去平衡不同的观点，接纳不那么绝对的答案。有时，你渴望退却到旧日的、说一不二的状态，但总体而言，你已经能与他人进行更有意思的交流了。你很小心地不与"非黑即白"的人纠缠太深，尤其是在敏感的话题上。

当你对自己关心的人心怀憎恨的时候，你最好记住，你也爱着这个人，不要把所有的火气都撒在他身上。但你不是总能做到这一点。有时你依然会说一些、做一些之后会后悔的事情。事后，你希望自己能管理好这些强烈的情绪，但你更有可能感到后悔，而不是为自己的行为辩解。随着时间的推移，似乎你更擅长一边思考一边感受了。

你对他人以及他人情绪的看法也发生了变化：每个人似乎都很复杂。你无法容忍教条，因为这些教条试图控制你，试图挑起你对其他群体的憎恨。有时你非常厌恶那种愚蠢的"我们好/他们坏"的心态，这种心态无处不在。

如果你没有投入一段亲密关系，但渴望有这样的关系，那你就会积极地寻找。你不会像过去那样匆匆地坠入爱河又分手，你知道自己想要的是什么，你也愿意容忍不那么完美的关系，只要你能在困难中感受到真诚的爱与关怀。在亲密关系中，你不再像以往那样"敏感"。你能够容忍他人的愤怒，至少你不再觉得他人在故意伤害你了，你也不会再觉得承认错误是一种莫大的羞辱了。你只是个普通人，就像其他人一样。

理想化

你在低落期不像以前那样消沉了，你在兴奋期也不像以往那样亢奋了，而你对此并不完全满意。你依然希望能一直保持那种"生活至美"的陶醉感，而不必忍受那些不如意的时光，尽管你已经有些不太情愿地接纳了这个事实，即这两者是彼此关联的。对于你的困境，不存在完美的、一劳永逸的答案。你知道那种"从此幸福地生活下去"的结局只会出现在童话和浪漫喜剧里。

你可能依然十分喜爱浪漫喜剧。当你的一个朋友坠入爱河时，即使你知道这种幸福的迷恋不会一直持续下去，但你依然会感到有些嫉妒。酒精与娱乐性药物依然会让你产生同样的亢奋。你可能依然在与过去的习惯做斗争，可能每隔一段时间就会饮酒过量，并且在第二天感觉很糟。

你不再像过去那样相信你心目中的英雄是绝对善良的，你现在相信即使坏人也有一些可取之处。有时，你希望世事能像过去一样简单，我们很难抵御对于蒙昧时代的怀念，那时的一切似乎都很单纯。尽管你了解事实真相，但依然很难相信你最喜欢的名人并没有过着比你更有趣、情感上更满足的生活。如果你不小心，这种不被注意的想法会让你变得愤愤不平。

假日时光依然对你非常重要。即使你知道自己最后可能会失望，你依然会十分期待度假。你的旅行通常会很开心，回到"现实生活"也不像过去那样让人失望了。度假房产购买指南依然很诱人，但你已经开始怀疑，在另一个城市或国家的生活与你现在的生活在本质上是否有什么不同。

当朋友、家人或你爱的人让你受伤或失望的时候，你不会和他们翻脸。当你依赖那些真实的、不完美的人时，你必然会产生沮丧的感觉，而你已经能更好地容忍那种感受了。你的朋友不是很多，但你毫无保留地相信留在你身边的朋友。他们也知道你的缺点，尽管你有时会惹他们生气，但他们依然爱你。

投射

回想起曾经对朋友撒气时的对话，你感到有些尴尬。你太不顾及别人的感受了，你当初究竟觉得自己能从中得到什么？当他人用相同的方式对待你时，你会感到非常不舒服，你会尽可能温和地制止对方。你会尽量分清发泄与分享的区别。当你对某人吐露心声的时候，你会确保对方值得信任，确保你重视他的看法，并且真的可能听从他的建议。

你非常努力地不再把自己的脾气发在别人的身上，这是值得骄傲的一件事。虽然你已经竭尽全力，但是在压力重重的时候，你依然可能会发现自己会迫使别人为小小的过失感到"内疚"。即使你试着制止自己，你可能依然忍不住会去指责对方。事后，你会因为悔恨而道歉。大多数时候，即使你爱的人偶尔对你发火，你也会更加宽容，因为你理解他们此时难以控制自己的情绪。除了你的表弟——你对他不怎么宽容。他在压力之下会变成一个彻头彻尾的混蛋，甚至没有丝毫控制自己的意思，这让你很生气。

你与朋友、家人和你爱的人之间的关系变得更加平等了。你不再觉得自己过于黏人，也不觉得其他人过于依赖你了。即使有时似乎很少有人这样想，但你越来越重视互惠的理念了。有时，你会反思一些失去了的友谊，那些友谊之所以没能继续，在很大程度上是因为你没看清对方或者期待过多。你不禁会想，如果当时你有现在的领悟，那些友谊能否保留下来。这让你有些伤心。

控制

你是个相对热爱整洁的人：你既不会要求一切都必须摆放得整整齐齐，让你爱的人头疼不已，也不会让自己的房间乱糟糟的，希望别人来替你打扫。虽然你在出门度假之前感到有些焦虑，但你理解身边的重要他人对于何时出发去机场、选哪条行车路线更省时间有着与你不同的看法。他们可能是错的，但你不会始终坚持要按自己的想法办事。放弃控制让你焦虑，但这种焦虑与过去不同了：你不会再不顾一切地消除焦虑，也不会像过去那样，因为其他人妨碍你而生气。

在工作中，同事说你现在更放松了，很明显他们喜欢这样的你。这样的赞美听起来有些刺耳，因为它会让你想起你过去的行为，想起这些行为对同事造成的影响。你的确感到更放松了，尽管有时也会觉得更无助。即使你依然觉得控制是一种可行的做法，但你有时也不得不提醒自己，你无法完全控制生活中的所有变数。

想到有些朋友的伴侣或父母能为他们提供比你更舒适的生活，你也不再像过去那样在意了。尽管有些人看上去好像搭了顺风车，得到了许多照顾，但你不相信他们无须付出代价。即使你依然希望有人能承认你的不容易，并且说"你付出的够多了，你不用再努力了，我会照顾你的"，但你也很重视自己来之不易的自立，重视自己为关系付出的努力。

在社交场合，你比过去更加自在了。你不再努力控制他人对你的看法，不再试图让一切看起来"很好"了。除了会计部门的那个女人没完没了地谈论她最近参加的"超棒"晚宴的时候——你明白她在做什么，但你依然会很不舒服。你变得非常重视与密友的交流，甚至你有时也很重视与泛泛之交的谈话，有时人们会承认自己身处困境，而你发现你们的困境有着许多的共同之处。

"思考"

这是一个需要不断努力去应对的问题，你也知道自己需要时常回到安静的状态下，重新关注那些产生情绪反应的身体部位。合理化已经不成问题了——当你发现自己在合理化的时候，你通常会一笑置之，有时会把这件事当作当天晚餐时的笑料。当你犯错的时候，你不会再附和为自己辩解的内在声音，你会在必要的时候道歉。

你有时依然会在喋喋不休的思绪中迷失自我。当"思考"控制你的时候，你可能会与最重要的人产生隔阂，不知道该如何与他们、与自己的情绪建立联结。有时你觉得自己被困在了自己的头脑里。心理静默与正念呼吸始终能帮到你——只要你记得尝试。有时，当你发现自己花了多长时间在头脑里喋喋不休，却没有丝毫意识的时候，你会感到非常惊讶。

即使你知道这样并没有道理，但你始终会被伶牙俐齿的人吸引，因为他们的语言能力似乎显得他们身心健全、洞悉世事。有时巧妙的措辞依然看上去像变戏法一样。与此同时，你越来越重视那些为日常生活赋予意义的寻常事物：与老朋友聚餐闲谈（即使你们的对话没那么才华横溢）；在沙滩上一言不发地骑行；周日早晨在床上翻看报纸。

感受肯定比不去感受困难得多，但在大部分的时间里，你不会为此后悔。一旦你发现自己被困在头脑中太久了，就会觉得自己仿佛置身于荒原恶土，身边到处都是干裂的土地，了无生气，你会渴望找回自己的感受，哪怕是痛苦。没有比存在于这片荒漠中更糟糕的事情了。当你找回真正的自我，与亲爱的人重建联结时，你往往会热泪盈眶。你无法用语言来形容那种哀伤与感恩——为蹉跎的岁月而哀伤，为现在的幸福生活而感恩。

羞耻感与自尊

你对自己的感觉更好了，你为自己人格的整合感到骄傲，为自己做出明智选择并付出辛勤努力而感到自豪，但时不时地，你可能会发现自己在"自吹自擂"，这让你感到非常羞耻。也许在几杯酒下肚以后，你会发现自己在吹嘘某个大人物对你有多器重，或者委婉地炫耀自己近期的成就。事后想起来，你会感到有些尴尬，因为你依然暗地里渴望得到他人的钦佩，甚至嫉妒。

你体验到的羞耻感是一种早已存在、非常熟悉的感受，但它不会像过去那样打击你了。你不会再毫不留情地批判自己，摧毁你的自我价值感。与此同时，你依然厌恶这种羞耻感，并希望能设法"治愈"羞耻，永远免受它的侵袭。羞耻感会始终伴随着你，但你能与它和平共存。在某种程度上，知道这种羞耻感始终存在，能够让你全力以赴。你知道自己依然有一些自恋的倾向，可能以后还会如此，这种羞耻感能让你保持谦卑。

为自己的错误承担责任对你来说更容易了。当别人批评你的时候，你会感到一阵怨恨，这种感受可能会让你想要掉转矛头、指责对方，但你知道自己不该这样做。你不必在每场争执中都战胜对方。有时，轻蔑的感受依然会让你的嘴唇扭曲，但你很少相信这种感受。你并非总能看清自己试图逃避的痛苦。想要根据轻蔑的情绪顺藤摸瓜，找到羞耻感的根源，可能需要下一番苦功夫。

你的竞争心不像过去那样强烈了，你不再害怕自己是个输不起的人，不再害怕自己被高高在上、拥有一切的赢家踩在脚下了。你对世界的看法也大不相同了。人人都有痛苦。所有的男人、女人和孩子有时都有难以压抑的需求。有时，你觉得似乎每个人都有一些充满羞耻感的私密空间。理解了羞耻感与自恋行为之间的关系以后，你就能看清羞耻感在许多熟人的生活中扮演的重要角色了。

从总体上看，你宁愿自己成为另一个人。你身上当然会有一些你希望能够改变的东西。如果你能再早一点发现自己的防御行为就太好了。即使你现在的挣扎不像以往那样艰难，你仍然经常希望自己不必每天都为相同的事情做斗争。而且，你肯定希望自己能变得年轻一些、富有一些、更有吸引力一些。

尽管沮丧与痛苦是不可避免的，你依然能在许多经历中感到真实的愉悦。你珍惜自己的关系，珍惜你在亲情、友情和爱情中发现的深层意义。

在大多数时间里，你为自己活在世上而感到高兴。

结论

在前面的几页里,我写下的很多内容描述了我自身的心理健康状况:我每天不断地与那些熟悉的挑战做斗争,这些年来有了许多成长,但我依然是近 50 年前因为严重抑郁而接受心理治疗的那个人。我现在更了解自己了,也在许多方面有了进步,这些进步缓解了童年给我造成的伤害,但每当痛苦和羞耻感太过强烈的时候,我旧日的心理防御机制依然会出现。我尽力不要太依赖它们。

我有幸能与许多来找我做个体心理治疗的人一同开展长期的工作,他们每个人也在治疗中有了宝贵的收获。他们都有了极大的成长。在许多方面,他们依然是当年那个前来找我,希望我能为他们缓解痛苦的人。通过我们的共同努力,他们对自己有了深刻的理解,学会了在没有我的帮助下,独立管理自身痛苦的心理与情绪。他们能够忍受自己在关系中的渴求,能够体验到广泛而多样的情绪,并且在大多数情况下自我感觉良好。在他们当中,没有一个人完全摆脱了羞耻感。

对于我的来访者,也对于我本人而言,自我观察已经成了一种生活方式。我们当中没有人完全了解自己的所有方面,没有人的成长达到了圆满的境界。当我发现某种新式的自我欺骗时,当我面临痛苦,却发现了一种比往日的防御有效得多的应对方式时,我依然会为自己感到惊讶。在我为自己设想的未来生活中,我会继续感受痛苦,并继续寻找更多诚实应对痛苦的方式,这样做能提高我的幸福感。我对此感到很高兴。

佛陀的第一条圣谛就是"苦谛"。众生皆苦,各种痛苦与失望是人生中不可避免的部分。《公主新娘》(*The Princess Bride*)里的黑衣人也对布卡特说过同样的，但没那么高深的话："生活就是痛苦，公主殿下。表示反对的人都别有用心。"现在，制药行业告诉我们，心理的痛苦可以通过一种或多种药物来减轻。这种观点统治了西方世界的精神健康领域，让制药公司获得了数十亿美元的利润。通过这本书，我试图提供一种不同的观点。我基本上赞同那个黑衣人说的话。生活不全是痛苦，但从我的经验来看，生活不缺少痛苦。这对每个人来说都是一样的。

我们防御痛苦的方式，往往会给我们自己带来不利的影响，这种防御就是我的研究主题。而我的目标就是帮助你发现运作中的防御，放下防御，并且找到有效的方法来应对痛苦。我希望阅读本书能帮你容忍自己的需要，在关系中满足这些需要，体验那些为生活赋予意义的、广泛而多样的情绪，并且为自己感到满足。这是一个漫长且永无止境的过程。遵循本书提出的建议，不会消除你的痛苦，或永久地治愈你的羞耻感。但如果你按照本书的建议去做，尽最大的努力，这种经历会帮助你过上更加丰富多彩、更加令你满意的人生。

推荐阅读

下面的图书增进了我对主要情绪困扰的很多方面的理解。由于它们是用心理学专业的科学语言写作的,许多读者可能会觉得难以与它们产生情绪上的共鸣。但如果你有兴趣,想了解更多,以下这些作品正是我所了解的心理动力学理论的核心著作,非常值得一读。

W. R. Bion. *Second Thoughts*. (New York: Jason Aronson, 1967).

———. *Seven Servants*: *Four Works by Wilfred R. Bion*. (New York: Jason Aronson, 1977).

Sigmund Freud. *The Standard Edition of the Complete Psychological Words of Sigmund Freud*. (London: The Hogarth Press, 1957).

Melanie Klein. *Love, Guilt and Reparation and Other Works*, 1921—1945. (New York: Macmillan, 1984).

———. *Emvy and Gratitude and Other Works*, 1946-1963. (New York: MacMillan, 1984).

Heinz Kohut. *The Analysis of the Self*. (New York: International Universities Press, 1971).

Heinz Kohut. *The Restoration of the Self*. (New York: International Universities Press, 1977).

Donald Meltzer. *The Kleinian Development*. (Perthshire: Clunie Press, 1978).

R. E. Money-Kyrle. *Man's Picture of His World*. (New York: International Universities Press, 1960).

D. W. Winnicott. *Through Pediatrics to Psycho-Analysis*. (New York: Brunner/Mazel, 1992).

————. *Maturational Processes and the Facilitating Environment: Studies in the Theory of Emotional Development*. (London: Karnac Books, 1996).

致　　谢

　　大学一年级的时候，严重的抑郁和沉重的课业让我不堪重负，我预约了贝弗利山庄的一位精神科医生。那时，我对心理治疗和精神病学一无所知，我是从父亲那里得知这位医生的名字的。我父亲是一位建筑承包商，他提到这位医生是一个建筑项目的投资人。除了向这位医生求助，我走投无路，我也没有向父母提起这次预约。医生见过我之后，说服了我父亲，让他相信我需要治疗，并把我转介给了一位同事，医生认为这位同事能帮助我。

　　从那以后，我开始在迈克尔·伊恩·保罗（Michael Ian Paul）医生那里接受每周一次的治疗，一共持续了13年。5年之后，我们把治疗的频率增加到了每周两次，后来是每周三次。最后，在我完成研究生学业、开始接受精神分析训练时，治疗变成了每周四次。我觉得自己是个非常幸运的人。那位精神科医生投资了我父亲的项目，而我听到了他的名字，这一切纯属巧合，我也很庆幸他没有把我转介给保罗医生之外的任何人。我发现自己需要帮助，于是就去求助，当我找到帮助我的人时，就牢牢地把握住了这个机会。但是，生活让我遇见迈克尔医生，是一个纯粹的巧合。

　　我在生活中每天都会用到从他那里学到的东西，即使是现在，我的精神分析治疗已经结束三十多年了,我依然经常想起他,为他给予我的帮助心怀感恩。每当我认识的人抱怨精神分析治疗的价格昂贵,并惊讶于我接受了那么长时间的治疗时,我只能如此回答:"你能为自己的生活开出什么样的价码?"在我父母拒绝付费之后,我必须努力工作才能支付治疗费用,我也非常珍惜我的治疗机会。如果没有保罗医生的帮助,我不会有现在的家庭、事业和朋友。

如果我没有成为迈克尔的患者,我永远不会写出这本书。全书字里行间传达的许多洞见都是我多年来躺在他的沙发上所接收与领会的。在很大程度上,我是通过目睹他的榜样示范才学会怎样成为一名心理治疗师的。也许我的表达方式与他不同,我对羞耻感的理解是在精神分析治疗结束很久之后才开始形成的,但我对人性、对人类内驱力的看法基本与他一致。

在接受正式的精神分析训练时,我有许多优秀的老师和督导,我也从他们身上学到了许多东西。理查德·亚历山大(Richard Alexander)、罗伯特·卡珀(Robert Caper)、詹姆斯·古奇(James Gooch)、伊冯娜·汉森(Yvonne Hansen)以及唐纳德·马库斯(Donald Marcus)都在我的职业发展中起到了举足轻重的作用。和同学汤姆·格兰特(Tom Grant)的友谊支撑着我完成了学业。我同样很感激来访者们的信任与忠诚,他们当中的许多人在我这里接受了很多年的治疗,很多时候都是他们耐心地等待我的理解逐渐发展进步,直到我能够帮助他们。

24年前,我搬去北卡罗来纳州的查珀尔希尔时,我有幸参加了劳雷尔·戈德曼(Laurel Goldman)周四下午的写作培训班。劳雷尔是我见过的最敏锐、最有洞察力的评论家。在那里,我与同学克里斯蒂娜·阿斯科尼斯（Christina Askounis）、安吉拉·戴维斯 – 加德纳（Angela Davis-Gardner）、彼得·法林（Peter Filene）、琳达·奥尔（Linda Orr）以及佩吉·佩恩（Peggy Payne）一同学习，劳雷尔帮助我成长为一名作家。我曾在课上把本书的最初几稿逐章读给大家听，大家的评论与鼓励帮助我把本书打造成了今天你看到的样子。

大约在两年前，玛拉·埃斯蒂斯（Marla Estes）建议我在自己的网站上发布一些帖子，详细陈述不同的心理防御机制。写一本如何"解除"心理防御机制的书也是她的主意。在写作的过程中，这本书变成了一个涵盖内容更广、更为综合的人生体验概述，并且我试图将自己在心理治疗师的工作中学到的东西写成自助手册的形式，但本书的原始创意要归功于玛拉。新先驱出版社（New Harbinger Publications）的梅丽莎·柯克（Melissa Kirk）为本书的书名提供了很好的建议。

好友凯西·斯坦福（Kathy Stanford）、戴夫·伯克黑德（Dave Birkhead）凭借出色的平面设计才能，负责本书英文版的封面与装帧设计。此外，如果没有迈克尔·艾哈（Michael Eha）的大力支持与鼓励，我绝不可能完成这本书。

最后，我想感谢每一位家人，谢谢他们的耐心与热情。尤其是我的儿子威廉，他很久以前就催促我写博客了。